BITCOIN NATION

WIE HARTES GELD DIE
DEMOKRATIE RETTEN KANN

MICHAEL ANTON FISCHER

Aus dem Englischen von:

Sascha Fröhlich

Louis Berghaus

Thomas Moll

Blocktent

lk3

Lektor: Thomas Geier

Verlag:

Jakubiak & Fischer GmbH, Moosstr. 4, 83404 Ainring, Deutschland

INHALT

TEIL 2: BITCOIN NATION–AUFBAU EINER STARKEN GESELLSCHAFT AUF GESUNDEM GELD

BITCOIN REPARIERT DAS?

Egal, welches Problem unserer Gesellschaft du nennst, die Antwort der Bitcoin-Maximalisten lautet immer: "Bitcoin fixes this." Zu Deutsch: „Bitcoin repariert das."

Diese Aussage wird oft von sogenannten „Pre-Coinern" (Menschen, die bislang nicht von Bitcoin überzeugt sind) belächelt, und nicht selten werden Bitcoin-Enthusiasten als Spinner abgetan oder Bitcoin wird als eine „Religion" bezeichnet.

Da ich mich seit einigen Jahren selbst als Teil des Kreises der Bitcoin-Maximalisten (Menschen, die in Bitcoin mehr sehen als nur eine Kryptowährung) betrachte, möchte ich die These „Bitcoin repariert das." in diesem Buch mit soliden Argumenten untermauern.

Genauer gesagt werde ich versuchen zu zeigen, dass es nur zwei Kategorien für die drängenden Probleme unserer Zeit gibt:

1. Bitcoin repariert das.

2. Nur durch Bitcoin kann man beginnen, dies zu reparieren.

Dieses Buch richtet sich an Menschen mit wenig oder keiner wirtschaftlichen Vorbildung. Der erste Teil konzentriert sich auf didaktische Aspekte, während der wissenschaftliche Charakter in den Hintergrund tritt. Im zweiten Teil dieses Buches möchte ich, nachdem wir ein solides Fundament gelegt haben, auch anderen Bitcoin-Maximalisten etwas Denkanstoß bieten.

Ohne zu viel zu verraten, werden wir in der zweiten Hälfte dieses Werkes diskutieren, wie ein auf Bitcoin aufgebauter Staat aussehen könnte und ob es ein solcher „Staat" wirklich noch verdient, als Staat bezeichnet zu werden.

TEIL 1:

GELD – FUNDAMENT DER GESELLSCHAFT

WARUM BENUTZEN WIR GELD?

Im Laufe der Jahrtausende ist viel über Geld geschrieben und gesprochen worden. Leider ist das Verständnis dafür, was Geld eigentlich ist, nach wie vor bedauerlich gering. Heute gilt Geld weithin als schlecht, zwielichtig oder sogar gefährlich.

Man könnte zu Recht die Kirche und den Staat für diesen miserablen Ruf verantwortlich machen. Beide Institutionen kontrollierten jahrhundertelang das Bildungswesen und hatten ein ureigenes Interesse daran, dass die Massen das Geld nicht verstehen. Dies ermöglichte es den Machthabern, die Steuern heimlich durch Inflation zu erhöhen, ohne dass die Bürger mit Fackeln und Mistgabeln bewaffnet vor ihrer Tür standen. Insbesondere die katholische Kirche hat das Geld oft zu Unrecht verleumdet, während sie selbst Gold hortete.

Dennoch hat das 20. Jahrhundert deutlich gezeigt, dass die meisten Bürger ein weitgehendes Desinteresse an der Funktionsweise des Geldes haben und somit für ihre Unwissenheit mitverantwortlich sind.

Bereits 1921 warnte Alfred Lansburgh unter dem Pseudonym „Argentarius" vor einer drohenden Finanzkatastrophe, die Deutschland später in Form der Hyperinflation von 1923 tatsächlich erleben sollte. Er stellte das Desinteresse der Bevölkerung an seiner Warnung mit sinngemäß so fest:

„Solange das Geld gut genug funktioniert,
wollen die Menschen nicht darüber nachdenken."

Argentarius zufolge wird ein Land etwa alle 100 Jahre von einer großen Währungskrise heimgesucht, oder immer dann, wenn diejenigen, die die letzte Krise erlebt haben, gestorben sind.

Ein weiterer Aspekt ist, dass Geld ein so grundlegender Baustein unserer Gesellschaft ist, dass eine einzelne Disziplin nicht ausreicht, um es zu erklären. Um Geld vollständig zu verstehen, müsste man ein Universalgenie sein, das in allen Wissenschaften bewandert ist.

Deshalb maße ich mir nicht an, in diesem Buch eine umfassende Erklärung aller Aspekte und sozialen Auswirkungen des Geldes zu geben. Glücklicherweise ist das auch gar nicht nötig, denn ein Grundverständnis von Geld wird den meisten Menschen genügen.

Das Ziel dieses und der folgenden Kapitel ist es, die Aspekte des Geldes, die für Sie im täglichen Leben wichtig sind, verständlich zu machen. Damit hoffe ich, Ihnen einen Wettbewerbsvorteil gegenüber all jenen zu verschaffen, denen dieses Verständnis fehlt.

Also, was ist Geld?

Bevor wir das verstehen können, müssen wir zuerst fragen:

Was macht Geld?

Eine Kernfunktion des Geldes ist es, ein Tauschmittel zu sein. Das heißt, wir verwenden Geld nicht direkt, sondern indirekt. Die meisten Güter werden entweder direkt oder indirekt konsumiert, indem man sie zur Herstellung anderer Güter verwendet. Im Gegensatz dazu verbrauchen wir Geld nicht, sondern tauschen es ein.

Ein solches Tauschmittel ist notwendig, da eine reine Tauschwirtschaft in einer hoch entwickelten, spezialisierten Wirtschaft äußerst umständlich und unpraktisch ist.

Nehmen wir an, ich bin Landwirt und Sie sind Schuhmacher. Wenn ich bei Ihnen Schuhe kaufen möchte, könnte ich Ihnen den Preis in Eiern auf einmal zahlen. Doch eintausend Eier mit ihrer begrenzten Haltbarkeit wären für Sie kaum eine akzeptable Vergütung. Sie würden also entweder Ratenzahlungen mit mir vereinbaren oder die Eier selbst als Tauschmittel verwenden und wiederum Ihre Lieferanten damit bezahlen.

In letzterem Fall haben die Eier für Sie offensichtlich eine Geldfunktion, da Sie sie tauschen, anstatt sie zu verbrauchen. Aber auch im ersten Fall haben die Eier eine Geldfunktion, wenn auch indirekt. Denn wenn wir uns auf Ratenzahlungen einigen, muss einer von uns dem anderen einen Kredit gewähren. Entweder liefere ich Ihnen zuerst die Eier, ohne die Schuhe zu erhalten, oder Sie liefern zuerst die Schuhe, ohne die volle Anzahl der Eier zu erhalten.

Wenn Sie also zuerst die Schuhe liefern und dann jahrelang ein tägliches Frühstücksei erhalten, haben Sie mir einen Kredit denominiert in Eiern gewährt.

Wir werden uns später noch eingehender mit dem Thema Kredit befassen. An dieser Stelle wollen wir zunächst die beiden Funktionen des Geldes, die wir bisher ermittelt haben, zusammenfassen.

Geld ist ein Tauschmittel. Ein Tauschmittel wird benötigt, um mit Menschen zu handeln, die ein Gut, welches ich brauche, nicht haben oder die Güter, welche ich anzubieten habe, nicht wollen.

Geld ist eine Recheneinheit. Wenn ein Tausch nicht sofort abgeschlossen werden kann, muss eine

Seite der Anderen einen Kredit gewähren, der in der als Geld verwendeten Sache quantifiziert wird.

Diese beiden Funktionen lassen sich dadurch zusammenfassen, dass sie es ermöglichen, einen direkten Austausch in Person, Ort und Zeit zu verschieben.

Anstatt Eier und Schuhe direkt zu tauschen, kann man vereinbaren, dass die Zahlung nicht sofort erfolgt (Aufschub in Ort und/oder Zeit). Oder Sie nehmen die Eier direkt an, obwohl Sie sie nicht benötigen, und tauschen sie selbst weiter (Aufschub in Person). Eine Kombination aus beidem ist ebenfalls möglich. Wenn ich Sie z. B. zuerst bezahle, Sie dann die Eier gegen Rohstoffe tauschen und die Schuhe später liefern.

Da, wie wir gesehen haben, jedes Gut als Geld fungieren kann, argumentiert Hayek auch, dass Geld ein Adjektiv sein sollte. Man sollte also eher darüber diskutieren, wie viel „Geldigkeit" ein Gut hat, anstatt über Geld- und Nicht-Geld-Güter.

Wie hoch die Geldigkeit eines Gutes zu jedem beliebigen Zeitpunkt ist, hängt von zahlreichen

Faktoren ab. Da sind zunächst einmal die physikalischen Eigenschaften der Ware, die als Geld verwendet wird. In der Regel werden sechs wichtige Eigenschaften genannt:

1. Teilbarkeit
2. Haltbarkeit
3. Überprüfbarkeit
4. Transportfähigkeit
5. Fungibilität
6. Knappheit

Eier sind schlechtes Geld, weil sie nicht ohne Zerstörung teilbar sind und über eine sehr kurze Haltbarkeit verfügen. Außerdem haben Eier in der Regel einen niedrigen Marktwert, da sie im Allgemeinen häufig vorkommen.

Daher sind größere Transaktionen mit einem „Eierstandard" schwierig.

Im Gegensatz dazu ist Gold seit Jahrtausenden das bevorzugte Geld, da es nahezu unbegrenzt haltbar, einigermaßen teilbar, überprüfbar und leidlich transportabel ist. Vor allem aber ist es ziemlich knapp.

Warum ist Gold dann heute nicht mehr die Weltreservewährung?

Gibt es jetzt ein besseres Geld?

Bis 2009 wäre die Antwort auf diese Frage ein klares Nein gewesen.

Seit mindestens 1971 ist keine der großen Weltwährungen mehr durch Gold oder etwas anderes von Wert gedeckt. Das heutige staatlich emittierte Fiat-Geld (vom lateinischen „fiat", was so viel wie „es werde" bedeutet) ist nicht rar. Staaten, Zentralbanken und Geschäftsbanken können es nach Belieben in praktisch unbegrenzten Mengen erschaffen.

Von den sechs oben genannten Eigenschaften ist die Knappheit die wesentliche Eigenschaft für eine nachhaltige Geldfunktion, denn nur Knappheit ermöglicht es dem Geld Wert zu erhalten.

Hier haben wir die dritte Funktion des Geldes entdeckt: Geld dient als Wertaufbewahrungsmittel. Wie bereits erwähnt, brauchen wir eine

Methode, um in unseren täglichen Interaktionen Transaktionen über die Zeit zu verschieben. Nehmen wir an, wir haben vereinbart, dass ich Ihnen eintausend Tage lang täglich ein Ei liefere. Erst danach werden Sie mir die Schuhe liefern.

Als guter Kaufmann stellen Sie die Schuhe erst einen Tag vor meiner Abschlusszahlung her, um Lagerkosten zu vermeiden. Es stellt sich jedoch heraus, dass die Kosten für Rohstoffe, gemessen in Eiern, erheblich gestiegen sind. Ihre Lieferanten verlangen nun 2000 Eier, was bedeutet, dass Sie beim Verkauf der Schuhe effektiv einen Verlust machen. In diesem Beispiel haben die Eier in ihrer monetären Funktion versagt. Der Wert wurde nicht über die Zeit transportiert, sodass es für Sie wirtschaftlich besser gewesen wäre, sofort 1000 Eier zu verlangen.

So absurd dieses Beispiel mit den Eiern auch klingen mag, es ist in der Realität schon oft vorgekommen. Argentarius beschreibt in seinen Werken, wie Unternehmer in der Weimarer Republik kurz vor der Hyperinflation in diese Falle tappten. Sie vereinbarten einen Preis in

Reichsmark für eine zukünftige Lieferung. Zum Liefertermin hatte die Mark jedoch so viel an Wert verloren, dass entweder nicht mehr produziert werden konnte, was zum Konkurs führte, oder die Lagerbestände, mit dem nach dem Geschäft erzielten Papiergewinn, nicht wieder aufgefüllt werden konnten. Einige Unternehmen gingen so bankrott, obwohl ihre Bilanzen einen erheblichen Gewinn auswiesen.

Doch wie kommt es zu einem solchen Wertverlust?

Bisher habe ich einfach postuliert, dass dies mit der Knappheit eines Gutes zu tun hat.

Dies lässt sich auf zwei Arten nachweisen. Ich werde beide kurz erläutern, da das Verstehen beider für das Verständnis anderer monetärer Phänomene unerlässlich ist.

Der erste Ansatz stammt aus der Praxeologie, der Wissenschaft, die sich mit der Logik des menschlichen Handelns beschäftigt und von Ludwig von Mises und anderen Vertretern der Österreichischen Schule entwickelt wurde.

Wir sollten uns zunächst fragen, warum Menschen handeln. Egal, was wir bewusst tun, auch wenn wir beschließen, nichts zu tun, ist es immer eine Handlung. „Der Mensch handelt" ist ein allgemeingültiges Axiom. Wir wählen immer die Handlung, die am besten geeignet ist, unsere dringendsten Bedürfnisse zu befriedigen.

Wenn wir ein brennendes Haus sehen, aus dem Schreie dringen, können wir uns entscheiden, entweder hineinzurennen oder einfach zuzusehen, wie das Haus abbrennt. Für welche der beiden Handlungen wir uns entscheiden, hängt von unseren individuellen Präferenzen ab.

Was ist für uns wichtiger? Das Leben der Person im Haus oder unser eigenes Leben, das wir riskieren würden?

Wahrscheinlich sind Sie eher bereit, für Ihr Kind ins Haus zu rennen als für einen Fremden. Kurz gesagt: Das Leben Ihres Kindes ist Ihnen wichtiger als Ihr eigenes, während das Leben eines Fremden weniger wichtig ist.

Wahrscheinlich würden Sie aber nicht aus Spaß Ihr Leben für Ihr Kind geben, sondern nur, weil die Situation es erfordert. Wie Sie Ihre Handlungen priorisieren, hängt sowohl von Ihren Vorlieben als auch von den Umständen ab.

Wenn Sie eine Leiter zur Hand haben, werden Sie wahrscheinlich die unbekannte Person, die Sie durch das Fenster sehen können, retten, auch wenn Sie nicht bereit sind, Ihr Leben zu riskieren. Das liegt daran, dass in diesem Fall zwar immer noch ein Risiko für Sie besteht, Sie es aber für so gering halten, dass Ihnen die indirekte Schuld am Tod der Person dringender erscheint als das geringe Risiko, selbst zu sterben.

Das Interessante daran ist, dass diese Bewertung ohne Maßeinheit erfolgt. Sie stellen keine Formel auf, um abzuwägen, wie viele Fremde Ihnen Ihr Leben wert ist, und vergleichen dies dann mit dem Maß an Schuld, das Sie empfinden würden, wenn die Person stirbt.

Ihre Präferenzhierarchie ist rein subjektiv, zeitlich variabel und relational, also nicht absolut quantifizierbar. Deshalb entzieht sie sich auch der Mathematik.

Ihr Leben ist vermutlich eines der Dinge, die in Ihrer Präferenzhierarchie ganz oben stehen. Daher könnte man annehmen, dass alles, was Ihr Leben erhält, ebenfalls einen hohen Stellenwert hat und für Sie wertvoll ist.

Da Sie ohne Sauerstoff innerhalb weniger Minuten sterben würden, könnte man erwarten, dass Sie bereit wären, viele Geldeinheiten für Sauerstoff zu bezahlen. Überraschenderweise ist Sauerstoff jedoch fast überall auf diesem Planeten kostenlos erhältlich. Sie wären wahrscheinlich sogar empört, wenn Sie plötzlich eine Rechnung für Atemluft in Ihrem Briefkasten fänden.

Anders sieht es jedoch aus, wenn Sie Ihr Kind aus einem brennenden Haus retten wollen. Atemluft ist im Inferno schwer zu bekommen. Eine Druckluftflasche wäre hier sehr nützlich und würde Ihre Überlebenschancen und die Ihres Nachwuchses erheblich verbessern.

Wie viele Geldeinheiten würden Sie bezahlen, um mit einer Druckluftflasche in das Gebäude eindringen zu können? Zehn Einheiten? Einhundert? Sogar eine Million? Wahrscheinlich würden Sie alles hergeben, was Sie bei sich tragen, und im Zweifelsfall würden Sie sogar ein Vielfaches Ihres Vermögens versprechen, wenn Sie nur diese kostbare Luft mit hineinnehmen könnten.

Wie Sie sehen, hängt der Preis, den Sie für ein Gut oder eine Dienstleistung zu zahlen bereit sind, nicht nur davon ab, wie sehr Sie es wollen oder brauchen, sondern auch davon, wie knapp das Gut an dem Ort ist, an dem Sie es erwerben wollen.

Mises erklärt dies mit dem abnehmenden Grenznutzen eines Gutes, wenn seine Verfügbarkeit zunimmt.

Sie benötigen dringend Luft, die aber normalerweise im Überfluss vorhanden ist. Daher können Sie Ihr Bedürfnis nach Luft befriedigen, ohne sie von jemand anderem zu nehmen. Wenn Sie mehr Luft haben, als Sie brauchen, hat das für Sie keinen Wert, da Sie sie nicht lagern können und keine Verwendung für sie haben.

Wenn Luft in einer Situation knapp ist, wird sie schnell an die Spitze Ihrer Prioritäten rücken, und Sie werden alles tun, um Luft zu bekommen.

Wenn Sie sich eingehend für dieses Thema interessieren, empfehle ich Ihnen das Buch „Human Action" von Ludwig von Mises.

Eine andere Möglichkeit, zu demselben Ergebnis zu kommen, ist die sogenannte Quantitätstheorie. Sie wird von modernen Ökonomen oft kritisiert oder sogar ins Lächerliche gezogen, aber meiner Meinung nach hat sie ihren Wert.

Irving Fisher formulierte die Quantitätstheorie mit Hilfe der folgenden Gleichung:

$$M \cdot V = P \cdot Q$$

M „Money" steht für „Geldmenge", d. h. für die im Wirtschaftsraum umlaufende Geldmenge.

V „Velocity" ist die „Geschwindigkeit", mit der das Geld zirkuliert.

P „Price" steht für den „Preis", der das allgemeine Preisniveau beschreibt.

Q „Quantity" steht für die „Menge" und drückt die Anzahl der Transaktionen aus.

Da diese Gleichung auf den ersten Blick schwer zu verstehen ist und häufig falsch dargestellt oder interpretiert wird, müssen wir wieder auf Beispiele zurückgreifen.

Als gebürtiger Bayer ist mir das Innere eines Bierzeltes seit meiner Kindheit vertraut. Das ökonomisch Besondere an einem Bierzelt ist, dass dort meist eine eigene Währung verwendet wird. Bier und Hendl gibt es in der Regel nicht gegen das gesetzliche Zahlungsmittel, sondern gegen Wertmarken.

Diese Wertmarken erhält man entweder durch Kauf, sprich durch Umtausch der Fiat-Währung des Landes oder indem man sie verdient. Manchmal werden sie einem natürlich auch von Freunden geschenkt.

Wenn du dem Gastwirt beim Aufstellen der Tische hilfst, bekommst du etwa schnell eine Handvoll Biermarken als Entschädigung zugesteckt.

Schauen wir uns diese kleine Festwirtschaft einmal genauer an.

Angenommen, der Gastwirt bestellt 1.000 Liter Bier, und eine Wertmarke entspricht einem Liter. Der Gastwirt kann also 1.000 Wertmarken ausgeben. Da die Wertmarken nach dem Gebrauch entwertet werden, kann jede Marke nur einmal verwendet werden, was zu einer maximal möglichen Umlaufgeschwindigkeit von eins führt.

Im Idealfall zirkulieren 1.000 Wertmarken (M) genau einmal (V) und ermöglichen exakt 1.000 Liter Transaktionsvolumen (Q) zu einem Preis von einer Wertmarke pro Liter (P).

Wie Sie sehen können, funktioniert die Gleichung in diesem Fall perfekt.

Leider ist die Welt aber nicht perfekt. Nehmen wir an, der Dirigent der Blaskapelle hat einen Schnaps zu viel gehabt und eine Rolle mit 100 Wertmarken fällt aus seiner Tasche und ist für immer verloren.

In diesem Fall hat der Gastwirt mehrere Möglichkeiten. Er kann die verbleibenden 100 Liter Bier verschenken, sie selbst konsumieren oder großzügig eine Rolle Wertmarken nachdrucken und sie dem Dirigenten geben.

Was passiert, wenn der Gastwirt sich für letztere Möglichkeit entscheidet und die verlorene Rolle plötzlich wieder auftaucht? In diesem Fall werden einige Festbesucher unweigerlich leer ausgehen, obwohl sie rechtmäßig Wertmarken erworben haben.

Nun kommt der findige Gastwirt auf die Idee, diese Diskrepanz auf elegante Weise auszugleichen. Er verspricht seinem Lieferanten einfach, dass er und seine Mitarbeiter im nächsten Jahr für die schnelle Lieferung eines zusätzlichen 100-Liter-Fasses in diesem Jahr für das kommende Jahr 200 Wertmarken erhalten.

Damit hat er das Problem erfolgreich auf das nächste Jahr verschoben, und da er sich ohnehin zur Ruhe setzen wollte, wird sich schon sein Sohn um die Angelegenheit kümmern.

Der Sohn, gesegnet mit der Gerissenheit seines Vaters, setzt das Spiel im nächsten Jahr fort. Da sicher eines Tages einige Wertmarken verloren gehen werden, verspricht er allen, die dieses Mal leer ausgegangen sind, einfach zwei Wertmarken für das nächste Jahr.

Dies funktioniert mehrere Jahre lang gut. Leider verfällt der junge Gastwirt eines Tages dem Glücksspiel. Schnell sind alle Wertmarken weg, und er hat nichts mehr, um seine Lieferanten zu bezahlen. Deshalb druckt er jeden Tag mehr und mehr Marken, bis einmal ein Vielfaches des Nennwerts des vorhandenen Biers in Wertmarken im Umlauf ist. Da er weiß, dass seine Gäste mit dem Versprechen auf zukünftige Biere diesmal kaum zufrieden sein werden, flieht er ins Ausland. Ein Skandal, der die ehrliche Dorfbevölkerung bis ins Mark erschüttert.

Um das Drama so gerecht wie möglich zu lösen, lässt der Bürgermeister ermitteln, wie viele Wertmarken im Umlauf sind. Es stellt sich heraus, dass je 100 Wertmarken einem Liter Bier gegenüberstehen. Daher beschließt der

Bürgermeister, dass ein Liter Bier in diesem Jahr einfach 100 Marken kosten wird, anstatt mühsam die umlaufenden Marken zu sammeln und neue auszugeben.

Wie Sie sehen, kann auch in diesem Beispiel die Quantitätsgleichung nicht verletzt werden. Wenn die Geldmenge steigt, muss entweder die Umlaufgeschwindigkeit proportional sinken (nicht alle Marken können eingelöst werden), die Warenmenge muss erhöht werden oder der Preis muss steigen.

Wenn wir von der Fest- zur Volkswirtschaft übergehen, ist die Quantitätsgleichung allerdings kaum noch präzise anwendbar.

Das liegt zum Teil an der Frage:
Wie hoch ist das allgemeine Preisniveau P?

Um bei unserem Beispiel zu bleiben:
Wenn man heute mit einer Wertmarke einen Liter Bier kaufen kann und mit fünf Wertmarken ein gebratenes Hähnchen, doch im nächsten Jahr ist es immer noch eine Wertmarke für einen Liter

Bier, aber zehn Wertmarken pro Huhn, ist das Preisniveau gleich geblieben oder gestiegen?

Diese Frage kann nur individuell beantwortet werden. Für den Vegetarier hat sich die Kaufkraft nicht verändert. Für den trockenen Alkoholiker, der gerne gegrilltes Geflügel isst, hat sie sich halbiert.

Wenn also eine Zentralbank behauptet, ihr Ziel sei „Preisstabilität", sollte man fragen:

Für wen?

Das bedeutet natürlich nicht, dass die Mengengleichung nutzlos ist. Obwohl es schwierig ist, das Preisniveau aller Produkte zu messen und die individuelle Kaufkraft aus dem allgemeinen Preisniveau abzuleiten, hat die mathematische Betrachtung dennoch eine wichtige Anwendung:

Sie ermöglicht es uns, die möglichen Auswirkungen von monetären Veränderungen abzuschätzen, und festzustellen, was keine plausiblen Szenarien sind. Außerdem können wir durch die Fisher-Gleichung verstehen, unter welchen Bedingungen das Geld seine Funktion als Wertaufbewahrungsmittel, d. h. die Verschiebung einer Transaktion in die Zukunft, erfolgreich erfüllen kann.

Aber was ist dieser „Wert", den ein Sparer in Geld zu speichern versucht überhaupt?

WERT UND PREIS

„Ich habe eine sehr wertvolle Uhr".

Was kommt Ihnen in den Sinn, wenn Sie diese Aussage hören?

Je nach Ihren persönlichen Erfahrungen mit Zeitmessgeräten werden Sie vermutlich ein Bild im Kopf haben, das in eine der beiden folgenden Kategorien fällt:

1. Eine teure Uhr.
2. Eine Uhr mit emotionaler Bedeutung.

In die erste Kategorie fällt etwa das Bild, in der ein Mann in einem Anzug eine goldene Rolex am Handgelenk trägt.

Die zweite Kategorie ruft das Bild eines Jungen hervor, der die Uhr seines Urgroßvaters erhält, die dieser von seinem ersten Lohn nach dem Krieg gekauft hat.

Wie kann dieses eine Wort „Wertvoll" so unterschiedliche Bedeutungen haben? Wie kann etwas wertvoll nach dem Maßstab seines Kaufpreises sein, aber für Sie völlig wertlos und umgekehrt?

Um das zu verstehen, müssen wir den Unterschied zwischen subjektivem und objektivem Wert herausarbeiten.

Die subjektive Wertvorstellung haben wir bereits zu Beginn dieses Buches betrachtet. Sie zeichnet sich durch ihre Relationalität, zeitliche Variabilität und die Unmöglichkeit ihrer Quantifizierung aus, was als „Ordinalität" bezeichnet wird.

Der objektive Wert hingegen ergibt sich aus der subjektiven Bewertung im Preisfindungsprozess am freien Markt. Werden zwei Individuen sich ohne Zwang hinsichtlich des Preises für eine Ware oder Dienstleistung einig, finden zwei subjektive Wertvorstellungen zusammen.

Wenn wir 1000 Eier gegen ein Paar Stiefel tauschen, tun wir das nur, weil ich in diesem Moment die Stiefel mehr wertschätze als 1000 Eier, während Sie umgekehrt die Eier dringender wollen als die Stiefel.

Diese von außen betrachtbare Handlung verrät nicht, wie wir beide die Ware tatsächlich bewerten, da ich Ihnen womöglich auch 2000 Eier gezahlt hätte, oder Sie hätten 500 akzeptiert, hätte ich hartnäckiger verhandelt. Das können wir nicht objektiv nachprüfen. Es ist aber offensichtlich, dass der Schnittpunkt unserer jeweiligen Prioritäten genau bei 1000:1 liegt.

Würden wir diese Beobachtung über einen ganzen Wirtschaftsraum anstellen, stellt sich heraus, dass es für jedes Gut einen Gleichgewichtspreis gibt. Dieser wird auch als Markt räumender Preis bezeichnet, da zu diesem Preis, jedenfalls in der Theorie, alle Konsumenten ein Gut erhalten können und alle Verkäufer Geld.

Kurzum, wenn viele einzelne Transaktionen getätigt werden, konvergieren Fehleinschätzungen im Mittel gegen Null. Dabei ist zu betonen, dass es sich bei diesen „Fehleinschätzungen" nicht unbedingt um einen Fehler aus Sicht der einzelnen Akteure handelt, sondern lediglich darum, dass die Person, die mehr als den Markträumungspreis gezahlt hat, wirtschaftlich gesehen nicht optimal mit ihren Ressourcen umgegangen ist. Sie hätte das Gut offensichtlich bei einem anderen Handelspartner zu einem günstigeren Preis erwerben können.

Es gibt viele triftige Gründe, warum Menschen „zu viel" für eine Ware bezahlen, zum Beispiel weil der günstigere Händler deutlich weiter entfernt ist. Menschen handeln, um ihre eigene Unzufriedenheit zu verringern. Dabei ist es nur folgerichtig, dass sie versuchen, ihre Unzufriedenheit mit den für sie vorhandenen Mitteln maximal zu minimieren.

Das legt nahe, dass Menschen, da sie im Innersten wissen, was ihre eigene Unzufriedenheit verursacht, in einer als universelle Wahrheit geltenden Weise genau das tun, was ihrer

Meinung nach am effizientesten zu ihrer Zufriedenheit beiträgt.

Wenn ein Paar Schuhe vor Ort 1000 Eier und 100 km entfernt 500 Eier kostet, ist es meine subjektive Einschätzung, ob die Kosten und die Reisezeit es mir wert sind, diese 500 Eier zu sparen. Wenn jedoch zwei Händler am gleichen Ort gleichwertige Schuhe zu solch unterschiedlichen Preisen anbieten, werde ich als rationaler Mensch fast immer die billigere Variante wählen.

Der Marktpreis eines Gutes enthält also konzentrierte Informationen über die Werturteile aller Marktteilnehmer. Diese Informationen lassen sich nicht zurückrechnen, um etwa individuelle Werturteile zu quantifizieren. Dennoch ist diese Information bedeutsam.

So wie die Hash-Funktion in der Kryptographie nicht zurückgerechnet werden kann, aber dennoch wesentliche Informationen enthält, wie zum Beispiel den Nachweis des Besitzes von privaten Bitcoin-Schlüsseln, zeigt der Marktpreis an, wie knapp und gefragt ein Gut ist.

Dies gilt natürlich nur, wenn das Geld, in dem dieser Marktpreis ausgewiesen ist, nicht zuvor manipuliert wurde.

Aber woher weiß man, ob das Geld manipuliert wurde, oder nicht?

DIE SÜNDEN DER ZENTRALBANK

Für viele Menschen sind Fiat-Geld und die darüber wachenden Zentralbanken beinahe ein Naturgesetz. Sie sind oftmals überrascht, wenn sie erfahren, dass es vor nicht einmal 150 Jahren ein freies Bankwesen (Engl. „free banking") gab, in der keine zentrale Behörde die Währungen lenkte. Noch überraschender ist für viele die Tatsache, dass diese Ära des freien Bankwesens die Zeit des größten und rasantesten Wohlstandswachstums in der Geschichte der Menschheit war. In den Vereinigten Staaten wurde die Zentralbank gar erst 1913 gegründet und erst 1971 übernahm sie die vollständige Kontrolle über die Geldschöpfung.

Wie kam es also dazu, dass wir heute in fast allen Ländern der Welt Zentralbankgeld verwenden?

Die Ursachen liegen in den physischen Eigenschaften von Gold. Wie ich bereits erwähnte, war Gold für den größten Teil der Menschheitsgeschichte der bevorzugte Rohstoff für die Nutzung als Geld.

Gold ermöglichte den Austausch von erheblichen Vermögenswerten über Kontinente hinweg. Wenn Goldmünzen erst einmal geprägt worden waren, waren sie – abgesehen von einer mutwilligen Zerstörung – nahezu unverwüstlich.

Gold setzte sich daher in den meisten Teilen der Welt schon früh gegenüber Tauschhandel oder anderen Währungen, wie Gutscheinen, durch. Letztere waren unseren Biergutscheinen aus dem vorigen Beispiel gar nicht so unähnlich und funktionierten zwar regional gut, trafen aber im internationalen Handel auf massive Schwierigkeiten.

Ein Getreidegutschein, ausgestellt vom größten Händler in Mesopotamien, wird im Umkreis einer Tagesreise akzeptiert worden sein, da jeder den Händler kannte und dieser für die Deckung des Gutscheins mit seinem guten Ruf, seinem Vermögen und gegebenenfalls sogar mit seinem Leben haftete. Aber einen Händler, der Waren aus dem fernen China lieferte, würde ein solcher Gutschein kaum überzeugen. Er kannte den Herausgeber nicht und würde Monate reisen müssen, um den Gutschein einzulösen. Direkter Tauschhandel wäre da einfacher.

Obendrein ist Getreide eine schlechte Währung. Es verdirbt leicht und ist zudem in so hoher Menge verfügbar, dass es ganzer Schiffsladungen bedürfte, um auch nur relativ kleine Transaktionen abzuwickeln.

Im Laufe der Zeit wurde Gold zur bevorzugten Währung, weil es die sechs genannten Geld-Eigenschaften besser als jeder andere Rohstoff in sich vereint. Natürlich ist Gold nicht perfekt. Seine Teilbarkeit ist zum Beispiel begrenzt. Eine Münze von nur wenigen Mikrogramm wäre im Alltag unpraktisch, würde aber für den Kauf von Brot benötigt werden. Die meisten Volkswirtschaften lösten dieses Problem, indem sie für kleine

Transaktionen Silber – das zweitbeste Material für Geld – verwendeten.

Große und zugleich internationale Transaktionen hingegen waren und sind bis heute die Achillesferse von Gold. Aufgrund seines Gewichts ist es mühsam, Gold von einem Ort zum anderen zu transportieren, und das Risiko von Raubüberfällen ist enorm.

Als Ausweg wandte sich die Geschichte deshalb einmal mehr der bewährten Praxis der Gutscheine zu. Der Orden der Tempelritter zum Beispiel verwendete bereits vor fast einem Jahrtausend Goldzertifikate. Das Problem der Akzeptanz der Gutscheine lösten sie, indem sie eine internationale Vereinigung als Garant für die Gutscheine bildeten. Ein Templer, der sein Gold beim Orden einzahlte, bevor er Europa verließ, erhielt ein Zertifikat für seine Einlage. Später, bei Ankunft im Heiligen Land, konnte er sich diese von der örtlichen Ordensniederlassung in Gold und Silber auszahlen lassen.

Dies bot mehrere Vorteile:
Wenn ein Sarazene das Goldzertifikat bei einem Überfall erbeutete, konnte er wenig damit anfangen, anders etwa als mit einer Schatztruhe. Kein Templer würde glauben, dass er der in der Urkunde genannte europäische Adlige war. Wenn der Inhaber des Zertifikats verstarb oder das Papier zerstört wurde, konnte ein Nachkomme des Unglücklichen bei dem Orden eine neue Urkunde beantragen.

Einige Nachteile der Gutscheine blieben aber auch bei diesen Zertifikaten bestehen. Hatte ein Tempelritter das Pech, gerade dann Geld bei den Templern zu hinterlegen, als diese von der katholischen Kirche aufgelöst wurden, verlor er alles. Das Gegenparteirisiko blieb bestehen.

Es ist genau dieses Gegenparteirisiko und der Versuch, dem beizukommen, weshalb die letzten 5.000 Jahre der Geschichte des Geldes ein endloser Zyklus von immer gleichen vier Phasen waren. Auf einen Goldstandard, der mit einem Anstieg des Wohlstands einherging, folgte eine schleichende Entwertung des Geldes, welche in ungedecktem Papiergeld mündete und schließlich zum Zusammenbruch führte, was wiederum einen neuen Zyklus einleitete.

Mit kleineren Variationen lief dieser Zyklus immer nach einem identischen Muster ab. In der Regel wurden zu Beginn Goldmünzen von einem mächtigen Kaufmann oder Staat geprägt und in Umlauf gebracht, die es den Menschen ermöglichten, die Echtheit des Geldzeichens unkompliziert zu überprüfen. Diese Standardisierung und Zentralisierung der Münzprägung waren ein notwendiges Übel, denn Gold lässt sich zwar mit einigem Aufwand auf seine Echtheit prüfen, für den täglichen Gebrauch aber ist dieser Aufwand zu hoch.

Genau das eröffnete einen Angriffsvektor. Eine Münzprägeanstalt ist eine Vertrauenspartei; alle Verwender von Münzgeld müssen sich darauf verlassen können, dass die Münzen den der Prägung entsprechenden Edelmetallgehalt auch tatsächlich haben.

Im Laufe der Geschichte ist dieser Gehalt jedoch immer wieder erfolgreich manipuliert worden. So bediente sich unter anderem das Römische Reich verschiedener Techniken, den Edelmetallgehalt seiner Münzen über mehrere Jahrhunderte von über 90 % auf nahe 0 % zu reduzieren. Das ermöglichte die Finanzierung von Kriegen und Palästen, die die Bevölkerung über transparentere Steuern kaum zu finanzieren bereit gewesen wäre.

Da Münzen wie Zertifikate ein Gegenparteirisiko bargen, Zertifikate aber leichter zu transportieren und in der Regel mit einem gewissen Diebstahlschutz versehen waren, setzten sich Letztere allmählich durch.

In der Regel waren es private Banken oder Staaten, die diese Zertifikatwährungen standardisiert herausgaben.

Leider erkannten die Herausgeber der Zertifikate ebenso wie der kluge Wirtssohn aus dem vorigen Beispiel schnell, dass sie nicht zwingend 100 % der zertifizierten Edelmetallmenge vorhalten mussten.

Einige der Zertifikate gingen verloren, andere wurden über lange Zeit nicht eingelöst, weil sie zum Sparen oder direkt als Goldersatz bei der Abwicklung von Transaktionen genutzt wurden.

Im Laufe der Zeit wurden immer mehr der Einlagen zur persönlichen Bereicherung vereinnahmt, bis alle klassischen Zertifikatwährungen letztlich mit genauso viel Edelmetall, wie seinerzeit die spätrömische Sesterze, hinterlegt waren. Null.

Sobald eine Währung nicht mehr durch ein knappes Gut gedeckt ist, wird sie zu Fiat-Geld. Es ist dann der Herausgeber des Geldes, der die Knappheit der Geldmenge kontrolliert und mit dem Erlass „Es werde!" ganz einfach mehr erschafft.

Der Anreiz für den Schöpfer des Geldes ist offensichtlich. Warum hart dafür arbeiten, wenn man Geld einfach erschaffen kann?

Aber warum wehren sich die anderen Marktteilnehmer nicht dagegen?

PATHOLOGIE EINER HYPERINFLATION

Der Tod einer Währung erfolgt in der Regel durch eine Hyperinflation. Es gibt verschiedene Definitionen, aber heutzutage versteht man darunter im Allgemeinen einen Preisanstieg von über 50 % pro Monat. Auf dem Höhepunkt einer Hyperinflation, wie in Deutschland 1923, führte die Geldentwertung sogar zu einer Verdoppelung der Preise alle 24 Stunden.

Je nach bei der Zählung verwendeter Definition sind in der jüngeren Geschichte mehr als 50 Hyperinflationen dokumentiert worden. Das wirft die Frage auf, ob sie schlicht unvermeidbar sind, oder ob die Menschen einfach nur unverbesserlich sind und immer wieder die gleichen Fehler begehen.

Wie so oft ist die Antwort auf diese Frage weder Schwarz noch Weiß.

Hyperinflationen könnten leicht vermieden werden, wenn es eine Währung mit streng begrenzter Geldmenge gäbe. Die technische und gesellschaftliche Implementierung einer solchen Währung ist jedoch komplex.

In den vorangegangenen Kapiteln haben wir gesehen, warum ein Gold- oder Edelmetallstandard anfällig für Manipulationen der Geldmenge ist. Aber warum bleibt so etwas über Jahrzehnte oder gar Jahrhunderte unentdeckt und scheinbar folgenlos? Und warum spielen Menschen dieses fatale Spiel immer wieder mit?

Um das zu verstehen, müssen wir uns ansehen, wie neue Geldeinheiten in die Wirtschaft gelangen.

Sobald sich eine zentrale Behörde, in der Regel die staatliche Zentralbank, gewaltsam schrittweise als alleiniger Herrscher über die Währung eines Währungsraums aufgeschwungen hat, kann sie theoretisch nach Belieben Geld erschaffen. In der Praxis steht ihr jedoch erst einmal der einfache Bürger im Weg. So begrenzt das allgemeine Verständnis von Geld auch sein mag, die Menschen zögern, etwas Unbekanntes zu akzeptieren. Gold funktioniert, aber Papiergeld ist neu, und es gibt eine vage kollektive Erinnerung daran, dass ungedecktes Geld in der Geschichte schon mehrfach gescheitert ist.

Ein Zentralbanker oder Politiker, der offen zur Abschaffung des Goldstandards aufruft, wird schnell aus dem Amt gedrängt und läuft bisweilen sogar Gefahr, sein Leben zu verlieren.

Deshalb müssen sie zunächst im Geheimen handeln. In einem auf Münzgeld basierenden System wird insgeheim Kupfer beigemischt, oder die Steuern müssen in neuen Münzen bezahlt werden, während die Staatsausgaben in alten, abgenutzten Münzen erfolgen. Bei Zertifikatgeld wird eine sogenannte Teilreserve (Engl. „fractional reserve") eingeführt.

Die Bank gibt dabei Zertifikate aus, die mehr Wert verbriefen, als tatsächlich im Tresor vorhanden ist. Diese Praxis hat in der Vergangenheit recht zuverlässig funktioniert, solange die Reserve über 50 % lag. Selbst bei einer Deckung von 30 % Edelmetall zu Zertifikaten ist eine Bank noch recht stabil. Mit jedem Prozentpunkt weniger an Reserven steigt aber das Risiko eines Bank-Runs exponentiell an.

Ein Bank-Run entsteht, wenn viele Menschen zeitgleich versuchen, ihre Einlagen bei der Bank gegen Vorlage der Zertifikate auszulösen.

Wenn die Bank weniger als 10 % ihrer Zertifikate gedeckt hält und jeder fünfte Einleger sein Gold zurückwill, ist die Bank zahlungsunfähig.

Ein Bank-Run kann durch viele Faktoren ausgelöst werden, oft einfach durch den Wettbewerb zwischen den Banken. Eine Bank spürt die Schwäche einer anderen und zieht von der schwachen Bank ihre gesamten Einlagen ab, während sie gleichzeitig die Liquiditätsprobleme an die lokale Presse durch sticht.

Auch Zentralbanken haben diese Taktik in der Vergangenheit angewandt, um ihre Autorität zu bekräftigen. Wenn die Bürger ihre zentrale

Autorität über das Geld nicht anerkannten, wurde versucht, beliebte private Zertifikat- oder Notenbanken, mit Bank-Runs in die Knie zu zwingen. Das gab dem Staat gleich eine doppelte Gelegenheit, sich einerseits als Retter zu präsentieren und andererseits das Vertrauen in die eigene Währung zu stärken.

Zudem förderte es die Akzeptanz von strengen Gesetzen gegen die niederträchtigen Privatbanken, die ihre armen Einleger betrogen hatten.

In der Folge spielte die Zentralbank dann das gleiche Spiel, wie zuvor die Privatbanken.

Auch Zentralbanken haben bei der Teilreserve immer mit über die Zeit größer werdendem Hebel gearbeitet, wie es zuvor die Geschäftsbanken taten. Der einzige Unterschied bestand darin, dass die Staaten im Falle eines Liquiditätsengpasses einfach das Recht auf Umtausch der Zertifikate in Gold verbieten konnten. Auf diese Weise musste die Zentralbank bei dem Äquivalent eines Bank-Run auf nationaler Ebene nicht ihren Bankrott eingestehen. Stattdessen konnte sie ungedeckte Schulden durch das Drucken von Geld begleichen, was eines Tages in einer Hyperinflation gipfelte.

Man könnte nun sowohl den Privat- als auch den Zentralbanken Böswilligkeit unterstellen und wilde Verschwörungstheorien darüber aufstellen, warum sie Geld manipulieren und die Menschen dadurch verarmen lassen. Die traurige Wahrheit ist aber wohl viel einfacher und gleichzeitig beunruhigender.

Jeder sieht sich selbst als den Guten. Selbst Massenmörder erfinden Rechtfertigungen für ihre Taten. So ist es nicht verwunderlich, dass Eigennutz und ein vorgeschobenes hehres Ziel in der Regel die Ursachen für die verhängnisvolle Ausweitung der Geldmenge sind. Eine Zentralbank wird zum Beispiel anführen, dass Gelddrucken notwendig sei, um einen wirtschaftlichen Zusammenbruch zu verhindern.

Aber wie ist es möglich, dass Politiker und Zentralbanker die Bevölkerung davon überzeugen, dass eine ungedeckte Fiat-Währung eine gute Idee sei und Inflation akzeptabel, ja sogar notwendig sei?

DAS OXYMORON DER PREISSTABILITÄT

Ohne eine Zentralbank würde Chaos herrschen. Die Wirtschaft würde zusammenbrechen, der Wert des Geldes würde stark schwanken und die Bevölkerung würde verarmen. Nur eine staatliche Zentralbank kann Preisstabilität garantieren.

Argumente gegen das freie Bankwesen klingen häufig ähnlich wie die oben genannten. Kaum ein Wirtschaftswissenschaftler wagt es, diesen Aussagen zu widersprechen. Aber nur weil etwas allgemein anerkanntes Wissen ist, heißt das nicht, dass es wahr ist. Im Gegenteil: Es ist ein bekanntes psychologisches Phänomen, dass wir falsche Informationen glauben, wenn wir sie nur oft genug hören. Manchmal, selbst wenn wir die Information bewusst als falsch erkennen, wird sie allmählich im Unterbewusstsein verankert.

Eine dieser Informationen ist der Mythos der Preisstabilität. In den meisten Wirtschaftsmärchen besteht er aus zwei Komponenten:

1. Eine wachsende Wirtschaft benötigt mehr Geldeinheiten.
2. Fallende Preise führen zu einem wirtschaftlichen Zusammenbruch.

Der erste Teil sollte Ihnen mit dem bereits erworbenen Wissen als offensichtlich falsch erscheinen, aber da es sich um einen so populären Trugschluss handelt, möchte ich Ihre Geduld dennoch auf die Probe stellen und ihn hier kurz erläutern.

Der Gedanke, der dahintersteckt, basiert auf dem Gutscheinkonzept. In unserem Bierzelt-Beispiel wurden die Gutscheine nach dem Einlösen vernichtet, sodass eine maximale Umlaufgeschwindigkeit von eins erreicht werden konnte. In einer solchen Wirtschaft müsste tatsächlich für jede neue Ware oder Dienstleistung ein neuer Gutschein ausgegeben werden. Glücklicherweise funktioniert kaum ein

Geldsystem auf diese Weise. Anstatt Geld zu vernichten, wenn ein bestehendes Gut bezahlt wird, und es neu zu schaffen, wenn ein neues Gut produziert wird, geben wir das Geld einfach weiter. Ich kann Ihnen 1000 Geldeinheiten für meine Schuhe zahlen, und Sie können dieselben 1000 Einheiten verwenden, um Ihre Lieferanten zufriedenzustellen, die es wiederum verwenden, um sich selbst etwas zu kaufen, und so weiter.

Die Umlaufgeschwindigkeit in Geldsystemen kann also deutlich höher als eins sein. In dem eben erwähnten Beispiel wären 1000 Geldeinheiten bereits für ein Transaktionsvolumen von 3000 Geldeinheiten verwendet worden, sobald Ihre Lieferanten sie ausgegeben haben. Diese 1000 Einheiten können für eine beliebige Anzahl von Transaktionen stehen. Der einzige begrenzende Faktor ist, dass einzelne Transaktionen maximal 1000 Geldeinheiten umfassen können. Wenn diese 1000 Einheiten jedoch unendlich teilbar sind, z. B. in Mikrogeld, Nanogeld usw., könnten sie problemlos die heutige Weltwirtschaft repräsentieren.

Zum Zeitpunkt des Redaktionsschlusses dieses Buchs wird die Dollar-Geldmenge, einschließlich der Derivate, teilweise auf deutlich über 1 englische Quadrillion geschätzt, eine Zahl mit 15 Nullen. Bei einer Weltbevölkerung von 8 Milliarden – 9 Nullen – ergibt sich, je nach Schätzung, ein 6- bis 7-stelliger Betrag an Dollar pro Person. Weit mehr als nötig, zumal der Dollar bereits in 100 Cents unterteilt ist und digital weiter unterteilt werden kann. So lassen sich auch die größten Transaktionen und Transaktionsvolumina bequem in Dollar darstellen.

Warum also wächst die Dollarmenge stetig weiter?

Der Vorwand dafür ist Grund Nummer zwei. Eine konstante Geldmenge würde angeblich unweigerlich zu einem wirtschaftlichen Zusammenbruch wie der Großen Depression von 1929 in den USA und der anschließenden Wirtschaftskrise führen.

Aber stimmt das wirklich?

Das dafür angeführte Argument beruht auf einem ähnlichen Trugschluss wie der erste Punkt. Während im ersten Punkt die Tatsache vernachlässigt wurde, dass die Umlaufgeschwindigkeit nicht konstant und nicht nach oben begrenzt ist, wird hier die andere Seite der Fisher-Gleichung umgedeutet.

Es wird angenommen, dass das Preisniveau bei steigendem Güterangebot und konstanter Geldmenge logischerweise sinken muss. In Wahrheit kann auch hier die Umlaufgeschwindigkeit regulierend wirken. Es spielt keine Rolle, ob ein Schuhmacher ein Paar Schuhe für 1000 Geldeinheiten anbietet oder 1000 Schuhmacher 1000 Paar Schuhe für je 1000 Geldeinheiten anbieten. Wenn die Wirtschaft in dem Maße wächst, dass aus einer Person, die sich Schuhe leisten kann und will, 1000 Personen werden, die sich Schuhe leisten können und wollen, bleibt der Preis der Schuhe gleich, da sich die Produktionskosten nicht geändert haben. Wenn die Schuhmacher genügend Käufer finden, um einen stärkeren Preiswettbewerb zu vermeiden, warum sollten sie dann ihre Preise senken?

Der wahre Grund für den Preisrückgang, der mit dem Wirtschaftswachstum einhergeht, ist die technische Deflation. Aufgrund von Innovation und Automatisierung sinken die Kosten für die Herstellung der meisten Produkte im Laufe der Zeit. Dadurch sinken auch die Preise, da innovative Unternehmen sich mehr Marktanteile sichern, indem sie ihre Preise unter die Kosten der Konkurrenz senken und diese so vom Markt verdrängen. Wenn also die Preise aufgrund einer technischen Deflation fallen, handelt es sich nicht um eine Deflation im monetären Sinne. Die Marktteilnehmer passen sich einfach an den neuen Gleichgewichtspreis an, der sich aufgrund der gestiegenen Effizienz nach unten verschoben hat. Wenn es um Preisstabilität geht, sind sinkende Preise aufgrund technischer Deflation aus ökonomischer Sicht stabile Preise.

Es ist dieser Prozess der technischen Deflation, der den enormen Anstieg des Wohlstands während der industriellen Revolution ermöglicht hat. Je effizienter die Wirtschaft ist, desto mehr Waren kann ein Arbeiter für seinen Lohn kaufen, und desto mehr Waren kann ein Arbeiter in seiner

Arbeitszeit produzieren, was wiederum höhere Löhne ermöglicht.

Die Forderung nach Preisstabilität – definiert als konstante Preise ohne Ausschluss technischer Deflation – ist in Wahrheit eine erzwungene Umverteilung. Die Effizienzsteigerung soll nicht den Arbeitnehmern und Verbrauchern zugutekommen, sondern den Aktionären und Finanziers der Unternehmen. Eine wahrhaft zynische Forderung, da sie meist von denen kommt, die vorgeben, für die Arbeiter und die Massen zu kämpfen.

Aber damit nicht genug. Da nicht alle Waren und Dienstleistungen in gleichem Maße von technischer Deflation betroffen sind, ist Preisstabilität, wie sie heute von den Zentralbanken definiert wird, ein Widerspruch in sich.

Wir haben bereits erörtert, dass je nach persönlichen Präferenzen eine Person keine Preiserhöhung wahrnimmt, während sie für eine andere eine massive Teuerung darstellt. Wenn eine zentrale Stelle einen Warenkorb definiert, um die Preisstabilität zu messen, gibt sie vor, dass dies die Produkte seien, die alle Bürgerinnen und Bürger konsumieren müssen, und nimmt billigend in Kauf, dass alle Bürgerinnen und Bürger, die nicht im Warenkorb enthaltene Produkte konsumieren, höhere Preise zahlen müssen, um die Preise im Warenkorb konstant zu halten.

Dies ist nicht nur eine schreckliche Bevormundung, sondern auch eine gezielte Umverteilung von unten nach oben.

Nun könnte man argumentieren, dass dies eben der notwendige Preis für eine funktionierende Wirtschaft sei, denn ohne das Inflationsziel der Zentralbanken von 2 % würde die Weltwirtschaft mit Sicherheit zusammenbrechen.

Wir müssen also wieder einmal fragen:
Ist das wahr?

ANATOMIE DER GROSSEN DEPRESSION

Schwarzer Freitag, 25. Oktober 1929. Die Nachricht vom großen Börsencrash in den USA schockiert die Welt und eine lange, tiefe Rezession beginnt. Historiker bezeichnen sie heute als Große Depression. Ein wirtschaftlicher Schock, von dem sich die US-Wirtschaft bis zum Ausbruch des Zweiten Weltkriegs nicht erholen sollte. Ein Ereignis solchen Ausmaßes, dass Wirtschaftswissenschaftler noch fast 100 Jahre später regelmäßig davor warnen. Einige argumentieren gar, dass es besser sei, eine zweite Weimarer Hyperinflation zu riskieren als ein weiteres 1929.

Die scheinbar logische Schlussfolgerung, die Zentralbanken und Politiker daraus ziehen, ist, dass ein bisschen Inflation notwendig sei. Schließlich weiß jedes Kind, dass 1929 ein

„deflationärer Crash" war, der durch die unflexible Geldmenge des Gold-Dollars verursacht wurde.

Nun, jedes Kind weiß auch, dass es den Weihnachtsmann gibt. Tatsächlich lässt sich der Weihnachtsmann jedoch historisch sogar besser belegen, als der Zusammenhang zwischen hartem Geld und dem Crash.

Ein deflationärer Crash kann bei hartem Geld, d. h. bei einer nahezu konstanten Geldmenge, schon rein logisch gar nicht auftreten. Wie wir im vorigen Kapitel erörtert haben, müsste ein Preiswettbewerb zwischen den verschiedenen Produzenten aller Güter entstehen, der sie zwingt, ihre Preise bis zum Bankrott zu senken.

Auf einem freien Markt würden sich die Produzenten nur dann an einem solchen Preiswettbewerb beteiligen, wenn sie es sich leisten könnten. Das heißt, wenn ein Marktteilnehmer effizienter produziert oder glaubt, effizienter produzieren und Verluste ausgleichen zu können, wenn er nur genügend Wettbewerber aus dem Markt drängt.

Die Wahrscheinlichkeit, dass ein solcher Wettbewerb plötzlich in allen Produktkategorien entsteht, ist äußerst gering. Sollte er dennoch entstehen, würde ein großer Teil der Anbieter nach kurzer Zeit in Konkurs gehen, sodass nur die innovativsten Anbieter überleben würden. Ein Gewinn für den Verbraucher.

Ein deflationärer Crash erfordert ein System mit Teilreserven. Er ist das Wall-Street-Äquivalent zu einem Bank-Run. Wenn die Aktienkurse mit gehebelten Wetten und anderen Methoden nach oben manipuliert werden, kann ein Hype entstehen, auf den schließlich selbst der Durchschnittsbürger aufspringt. Die Kurse steigen, immer mehr Menschen zocken an der Börse, anstatt zu arbeiten. Für die Unternehmen besteht ein Anreiz, ihren Schwerpunkt von der Produktion und Innovation auf den Aktienkurs zu verlagern. Anstatt Rücklagen zu bilden und zu investieren, kaufen sie ihre eigenen Aktien zurück.

Dies führt dazu, dass sich die Aktienkurse immer weiter von der Realität abkoppeln, bis der Rausch schließlich schockartig nachlässt.

Auslöser für diese ernüchternde Erkenntnis kann eine Krise sein oder auch nur ein unbequemer Zeitungsbericht zur falschen Zeit. Plötzlich erkennen Großanleger, dass dem Nominalwert ihres Portfolios ein winziger Realwert gegenübersteht. Sie verkaufen, und der Kurs fällt. Dies löst Panik bei denjenigen Anlegern aus, die nur wegen des Hypes eingestiegen sind. Wie bei dem Spiel „Reise nach Jerusalem" versuchen alle Anleger, wenn die Musik aufhört, ihre Aktien schnell zu verkaufen, aber es gibt viel weniger willige Käufer als Verkäufer.

Infolgedessen stürzen die Preise in der Regel deutlich unter den durch die Produktivität gerechtfertigten Marktwert ab, und Unternehmen, die sich für ihre Aktien stark verschuldet haben, oder auf Liquidität durch Kredite angewiesen sind, werden eliminiert.

Solche deflationären Katastrophen sind in der Regel nur von kurzer Dauer. Wie bei einem Kater nach einer durchzechten Nacht gibt es eine kurze schmerzhafte Phase und dann geht die Wirtschaft weiter als zuvor. Oft sogar viel besser als zuvor, da vor allem die stärksten und effizientesten Unternehmen die Krise überlebt haben.

Eine tiefgreifende, anhaltende Krise wie die Große Depression erfordert eine weitere Ebene des Wahnsinns, die weit über den Preisrausch hinausgeht.

Im Kern handelt es sich um eine Kombination aus einem Bank-Run und einem Börsencrash.

Gehebelte Kredite oder Teilreserven erlauben es den Banken, mehr Geld zu verleihen, als sie mit ihren Einlagen decken können. Um in der Bilanz nicht als überschuldet zu erscheinen, verlangt eine Bank Sicherheiten von ihren Kreditnehmern.

Wenn Sie zum Beispiel ein Haus kaufen, das eine Million Dollar kostet, wird die Bank Ihnen maximal eine Million Dollar leihen. Gleichzeitig verlangt sie, dass dieselbe eine Million Dollar plus Zinsen als Forderung der Bank im Grundbuch eingetragen wird. Wenn Sie den Kredit nicht mehr bedienen können, wird Ihr Haus zwangsversteigert, und die Bank erhält den Teil Ihrer Schulden plus Zinsen und Zinseszinsen aus dem Erlös. Solange das Haus zu einem ausreichend hohen Preis verkauft werden kann, gibt es kein Problem. Wenn dies jedoch nicht möglich ist, macht die Bank einen Verlust. Die Bank kann das Geld, das Sie einst für das Haus bezahlt haben, schließlich nicht vom Vorbesitzer zurückfordern. Es zirkuliert in der Wirtschaft und wird seine Funktion als Geld noch viele Male erfüllen. Nur die Sicherheiten, die einst dahinterstanden, sind verschwunden.

Betrachten wir nun den Fall der gehebelten Aktien: Nehmen wir an, das fiktive Unternehmen X hat einen Aktienwert von 100 Dollar und eine Million Aktien im Umlauf. Es leiht sich 100 Millionen Dollar von der Bank. Die Bank nimmt die 100 Millionen Dollar als Sicherheit in die Bilanz auf und schreibt dem Konto von X einen Saldo von 100 Millionen Dollar gut.

Diese sogenannte Sichteinlagenschöpfung ist offiziell zu 100 % gedeckt, sodass es sich sogar um eine Vollreserve zu handeln scheint.

Was passiert aber, wenn ein Börsencrash den Marktwert von X auf 1 Dollar reduziert?

Plötzlich hat die Bank eine Teilreserve mit dem Faktor 100. Die bilanziellen Verbindlichkeiten der Bank in Höhe von 100 Millionen Dollar sind nur noch durch 1 Million Dollar an Vermögenswerten gedeckt.

Tritt dieser Absturz bei einer auf Goldzertifikaten basierenden Währung ein, wird er in der Regel einen Bank-Run auslösen, da informierte Anleger den Engpass erkennen und ihre Zertifikate schnell in Gold umtauschen.

Wenn dies massenhaft geschieht, während die Banken hoch verschuldet sind, bricht das Finanzsystem zusammen. Die Banken können die Zertifikate nicht mehr einlösen, die Menschen verlieren das Vertrauen in die Währung und horten Gold. Dadurch wird das Vertrauen in die Sichteinlagen in den Büchern der Banken noch weiter untergraben. Ein Teufelskreis beginnt.

Durch das Horten von Gold wird die Umlaufgeschwindigkeit des Geldes verringert, während gleichzeitig die Zertifikat-Geldmenge schrumpft. Betrachtet man die Fisher-Gleichung, so muss in der Folge entweder die Zahl der Transaktionen sinken – d. h. die Wirtschaft schrumpfen – oder die Preise müssen fallen. Meist geschieht beides zugleich.

Eine Krise wird besonders schwerwiegend und langwierig, wenn eine Zentralbank oder eine Regierung versucht, durch regulatorische Maßnahmen wie die Verteilung von Subventionen zu intervenieren. Diese Eingriffe verhindern die kreative Zerstörung. Starke Unternehmen müssen länger auf ihre finanziellen Reserven zurückgreifen als ohne Intervention, während unrentable Unternehmen am Leben erhalten werden. Manchmal werden sogar innovative und effiziente Unternehmen getötet, um Zombie-Unternehmen am Leben zu erhalten.

Dies untergräbt das Vertrauen in das Geld weiter und treibt kluge Investoren noch mehr in Gold und andere Sachwerte, sodass die Wirtschaft über stetig weniger gedecktes Geld verfügt. An diesem Punkt des Zyklus reagieren die Staaten in der Regel mit einem Verbot des privaten Goldbesitzes, was das Problem nur noch verschlimmert.

Im Falle der Vereinigten Staaten wurde das Goldverbot 1933 – vier Jahre nach dem Zusammenbruch – erlassen und dauerte bis 1974 – drei Jahre länger als der Goldstandard selbst.

Streng genommen haben die Vereinigten Staaten die Krise von 1929 bis heute nicht überwunden, trotz der massiven Kriegsgewinne aus dem Zweiten Weltkrieg. Das Goldverbot hat nicht geholfen, sondern die Situation verschlimmert und konnte deshalb erst nach der Einführung des Petrodollars „aufgehoben" werden, wodurch die Verwendung von anderem Geld als dem ungedeckten Dollar im internationalen Handel zu einem Kapitalverbrechen wurde.

Bevor wir uns näher mit dem Petrodollar befassen, müssen wir uns eingehender mit dem Thema der Golddeckung befassen, weshalb wir uns dieses Thema für ein anderes Buch vorbehalten.

DES KAISERS NEUES GELD

Bislang haben wir die Begriffe „ungedecktes" und „gedecktes" Geld in diesem Buch recht locker verwendet. Am häufigsten haben wir von „gedeckt" gesprochen, wenn das Geld eins zu eins in Gold hinterlegt war. Allerdings ist dieser Begriff, obwohl häufig verwendet, irreführend und meines Erachtens eigentlich falsch.

Wir haben bereits erläutert, wie Marktpreise aus vielen individuellen Werturteilen gebildet werden, wobei der „Fehler" eines Individuums immer eine andere Person im gleichen Maße begünstigt.

Um es kurz zu erläutern: Wenn ich Ihnen 1000 Eier für Schuhe zahle, die einen Marktpreis von 750 haben, gewinnen Sie 250 Eier. Wenn Sie jedoch nur 500 verlangen würden, spare ich 250. In beiden Fällen bleibt nach der Transaktion unsere gemeinsame Kaufkraft gleich.

Aber was passiert, wenn sich die Geldmenge ausweitet?

Aufgrund der vielen schwer zu messenden und kontrollierenden, veränderlichen Parameter ist es nahezu unmöglich, die Wirtschaft empirisch zu untersuchen. Daher müssen wir auf ein Gedankenexperiment zurückgreifen, um diese Frage zu beantworten.

Nehmen wir an, dass alle anderen Individuen in der Wirtschaft ihre Nachfrage und ihr Angebot konstant halten.

Wir führen die Schuhtransaktion mit einem Geldangebot von 1 Million Dollar für 1000 Dollar durch. Als wir das Geschäft per Handschlag besiegeln, steigt die Geldmenge plötzlich auf 2 Millionen Dollar an. Unter den gegebenen Annahmen hat sich Ihre Kaufkraft plötzlich halbiert. Aber nicht nur Ihre, auch die Summe unserer gemeinsamen Kaufkraft hat sich halbiert.

Natürlich macht sich die Inflation der Geldmenge im wirklichen Leben nicht so direkt bemerkbar, da Geld nicht gleichmäßig in die Wirtschaft fließt. Nur in Fällen von Hyperinflation, wie in Venezuela, wo der Staat regelmäßig beschließt, auf allen Konten Nullen hinzuzufügen oder zu entfernen, kann dieser Effekt deutlich beobachtet werden.

Bei schuldenbasierten Währungen − wie dem Dollar seit der Abschaffung des Goldstandards im Jahr 1971 − muss man genauer hinsehen, um diesen Effekt zu verstehen.

Wie bereits erwähnt, kann eine Bank die besicherte Schuld eines Kreditnehmers nutzen, um Sichteinlagen zu schaffen. In einer schuldenbasierten Währung tut eine Zentralbank nichts weiter, als Geschäftsbanken einen Kredit zu gewähren und im Gegenzug Sicherheiten in ihrer Bilanz aufzunehmen. Das darin bestehende Problem haben wir bereits betrachtet. Nur weil die Sicherheiten die Schulden decken, heißt das nicht, dass ihr Marktwert nicht fallen kann und große Teile der damit verbundenen Schuld ungedeckt werden.

Dies ist besonders verheerend bei modernem Fiat-Geld, da Geschäftsbanken zusätzliche Sichteinlagen nicht auf Grundlage von Gold, sondern von Zentralbankgeld schaffen. Wenn eine Zentralbank die Sicherheiten einer Bank fälschlicherweise um den Faktor 10 überbewertet und die Bank selbst ihr Kapital um den Faktor 10 hebelt, vervielfacht sich die Deckungslücke auf 100.

Das Risiko eines deflationären Crashs ist somit wesentlich höher als im traditionellen, auf Gold basierten, Teilreservesystem.

Erschwerend kommt hinzu, dass die Definition der Deckung völlig willkürlich wird. Im Goldstandard wird ein fester Wechselkurs zwischen Gold und Zertifikaten vereinbart. Das bedeutet, dass der Wert des Geldes nur geringfügig um den Wert des Goldes schwanken kann. Die Schwankungen selbst sind dabei in erster Linie auf die Schwierigkeiten und Kosten des Goldtransports zurückzuführen.

Der Marktwert von Gold im Goldstandard ergibt sich aus den individuellen Werturteilen der Marktteilnehmer.

Wenn wir die Schuhe in Gold handeln, sind nur unsere subjektiven Bewertungen relevant. Für Sie ist eine Unze Gold mehr wert als die Schuhe, während für mich das Schuhwerk mehr wert ist als das gelbe Metall.

In einer Wirtschaft, in der Gold als einzige Form von Geld verwendet wird, bedeutet dies, dass der Wert aller Transaktionen durch die gesamte zirkulierende Menge an Gold repräsentiert werden muss.

Zusammen mit der Erkenntnis, dass der Marktpreis jedes einzelnen Gutes ausschließlich durch die Effizienz seiner Produktion gebildet wird – wenn das Angebot-Nachfrage-Verhältnis konstant bleibt – kann man schlussfolgern, dass die Umlaufgeschwindigkeit ein selbstregulierender Parameter ist.

In diesem künstlichen Szenario reagiert der Marktpreis auf Effizienz getriebenes wirtschaftliches Wachstum mit einem Anstieg und auf eine Rezession mit einem Rückgang. Der Wert des Goldes ist somit ein Spiegelbild der individuellen Marktwerte aller anderen Güter. Wenn der Preis eines Gutes, gemessen in Gold, sinkt, bedeutet dies, dass das Gut nun effizienter produziert wird; steigt der Preis, muss das Gut schwieriger zu produzieren sein, zum Beispiel aufgrund von Naturkatastrophen.

Obwohl in der Realwirtschaft die Nachfrage nach einem Gut nicht konstant ist, kann diese Aussage über alle Marktpreise insgesamt getroffen werden. Schließlich können Menschen nur handeln. Nicht zu handeln ist logisch unmöglich. Alle Marktteilnehmer fällen kontinuierlich ihre Werturteile, die durch Gold in eine Funktion von Angebot, Nachfrage und Produktionseffizienz umgewandelt werden, welche im Preis aller Güter zum Ausdruck kommt.

Wenn eine Wirtschaft ausschließlich Gold als Geld verwendet, dann muss der Gesamtwert aller Unzen Gold mal ihrer Umlaufgeschwindigkeit genau der Summe aller einzelnen Güter multipliziert mit ihrem Marktpreis entsprechen.

In diesem Fall wird der Goldwert nicht durch die Anzahl der Goldatome in jeder Münze gedeckt, sondern durch die individuellen Entscheidungen aller Marktteilnehmer. Der Kaufvertrag gibt dem Gold seine Deckung. Die physischen Goldatome sind lediglich ein Mittel zum Zweck, um die Geldmenge konstant zu halten.

Dies würde sich schlagartig ändern, wenn jemand die Fähigkeit von König Midas hätte, Gegenstände durch Berührung in Gold zu verwandeln.

Wenn alles vorhandene Gold im Umlauf ist, kann jeder Marktteilnehmer nur Gold erhalten, indem er einem anderen eine Ware oder Dienstleistung anbietet, die mindestens so viel wert ist wie das Gold. Der freiwillige Kaufvertrag bestimmt und stützt den Wert des Goldes.

Midas kann jedoch leicht und mühelos an Gold gelangen. Er kann jeden Marktteilnehmer überbieten, ohne zu zögern. Der Wert des Goldes, das Midas in Umlauf bringt, wird völlig anders bestimmt als der des gesamten bereits im Umlauf befindlichen Goldes. Sein Wert wird allein durch König Midas Urteil bestimmt.

Da Midas leicht an reichlich Gold kommen kann, wird er den Preis für alle Waren, die er begehrt, in die Höhe treiben, indem er konkurrierende Angebote überbietet. Dies führt dazu, dass die Anbieter dieser Waren unverhältnismäßig große Mengen an Gold erhalten, sodass sie wiederum mehr für die Befriedigung ihrer Bedürfnisse ausgeben können.

So breitet sich der durch die Inflation verursachte Preisanstieg allmählich von der Quelle des Geldes in die Wirtschaft aus. Diejenigen, die das neue Gold zuerst erhalten, gewinnen unverdiente Kaufkraft, während diejenigen, die weiter von der Inflationsquelle entfernt sind, an Kaufkraft verlieren. Die offensichtlichen Gewinner sind Midas und seine Hoflieferanten; die Verlierer sind jene, zu denen das Geld als letztes gelangt. Dies wird als Cantillon-Effekt bezeichnet.

Letztlich verlieren jedoch alle durch diese Inflation. Die Verzerrung des Geldes verhindert, dass es als Recheneinheit dienen kann. Der Marktpreis verliert zunehmend an Aussagekraft, was es Unternehmen erschwert, ihre wirtschaftliche

Leistung zu berechnen und somit ihre Ressourcen effizient einzusetzen. Die Wirtschaft wird mit der Zeit immer weniger leistungsfähig.

Während also Midas und seine Höflinge ein immer größeres Stück vom Kuchen erhalten, erodiert der Kapitalstock, und der Kuchen schrumpft und verschimmelt mit jeder neuen Unze Gold, die in Umlauf gebracht wird. Eine konstante Geldmenge ist daher im Interesse aller Marktteilnehmer.

Doch wie kann dies sichergestellt werden?

DAS ÄLTESTE PROBLEM DER MENSCHHEIT

Seitdem die Menschen in Gruppen leben, arbeiten sie zusammen und teilen sich Verantwortung. Innerhalb der Familie werden die täglichen Aufgaben je nach Wissen und Fähigkeiten auf die Generationen verteilt. In einem Dorf ist eine Familie auf die Nahrungsmittelproduktion spezialisiert, eine andere auf Kleidung. Ohne diese Arbeitsteilung gäbe es keine Gesellschaft, keine Technologie und keinen Wohlstand.

Aber wie kann jeder für seine Arbeit gerecht entlohnt werden?

In der Familie leistet jeder in der Regel einen unbezahlten Beitrag und erwartet, dass die Familie ihm im Gegenzug nach bestem Wissen und Gewissen hilft. Selbst in diesem kleinen Kreis führt die unbezahlte Arbeit oft zu Frustration. Die Mutter wirft dem Vater vor, er bringe den Müll nicht raus, und der Vater entgegnet, er arbeite den ganzen Tag hart, während sie „nur" auf die Kinder aufpasse. Außerdem könne das der 15-jährige Sohn machen. Der Sohn wiederum meint, dass er schon viel mehr im Haushalt hilft als seine jüngeren Geschwister. Und so weiter ...

Die Ursache für diese Konflikte liegt in den individuellen Werturteilen. Jeder hält seine Arbeit für mindestens genauso wertvoll wie die der anderen.

Dieses unentgeltliche, unspezifische System der Reziprozität lässt sich natürlich nicht auf eine ganze Stadt, geschweige denn auf eine Nation übertragen. Arbeit muss gerecht entlohnt werden.

Aber was bedeutet „gerecht" überhaupt?

Wie wir gesehen haben, schätzt jeder seine Arbeit anders ein. Als Lösung könnte man eine Bezahlung auf der Grundlage der Arbeitsstunden in Betracht ziehen. Leider führt dies zu der Frage, ob es wirklich gerecht ist, dass ein Arbeiter, der zehn Maschinen am Tag zusammenbaut, den gleichen Stundenlohn erhält wie einer, der fünfzehn zusammenbaut. Was ist, wenn die Montage der einen Maschine gefährliche Arbeitsschritte beinhaltet, die einer anderen aber nicht? Was ist mit einem Landwirt, der ein Jahr lang hart arbeitet, aber wegen einer Dürre die gesamte Ernte verliert? Wer bezahlt ihn für seine Arbeit?

Sie werden sicher zugeben, dass der Wert der Arbeit nicht einfach „gerecht" bestimmt werden kann. Die fairste Methode, ihn zu bestimmen, ist der freie Markt. Was für den Preis von Waren funktioniert, ist auch ein wirksames Mittel für den Wert von Dienstleistungen, einschließlich der individuellen Arbeit. Damit dieser Wert jedoch „gerecht" bestimmt werden kann, darf der Markt nicht durch Änderung der Währung, in der die Löhne gemessen werden, manipuliert sein.

Die Philosophen der Antike kamen schon vor Tausenden Jahren zu dem Schluss, dass hartes Geld, d. h. ein Geld mit einer konstanten Menge, das einzige Mittel ist, um dieses Ziel zu erreichen.

Diese Erkenntnis wurde in den vorangegangenen Kapiteln hergeleitet und bestätigt.

Doch wie lässt sich eine konstante Geldmenge aufrechterhalten?

Seit etwa 5.000 Jahren lautet die Antwort auf diese Frage: Gold.

Da Gold knapp und schwer abzubauen ist, kann seine Menge nur geringfügig mit jedem Jahr erweitert werden. Dennoch kann auch Gold eine Inflation erfahren. Als etwa riesige Mengen an Gold und Silber aus der Neuen Welt geplündert und nach Europa importiert wurden, hatte dies für die einfachen Bürger die gleichen verheerenden Auswirkungen, als hätte der Adel die Gabe des Midas entwickelt. Mit der fortschreitenden Bergbautechnologie und der Entwicklung neuer Raketen ist es nur eine Frage der Zeit, bis eine noch schlimmere Welle der Goldinflation aus dem Weltraum oder der Erdkruste eintrifft.

Außerdem hat Gold die bereits erwähnten Nachteile, die dazu führen, dass der Kreislauf von der Vollreserve über die Teilreserve hin zum Fiat-Geld immer weitergeht.

Gibt es also eine bessere Lösung?

Werfen wir einen Blick auf die Alternativen:

Zentralbanken und politische Kontrolle über das Geld sind eine Möglichkeit. Allerdings eine, die auf lange Sicht nicht funktionieren kann. Der Anreiz, die Geldmenge zum eigenen Vorteil zu manipulieren, ist zu groß, als dass Sterbliche ihm auf Dauer widerstehen könnten.

Zu Beginn des zwanzigsten Jahrhunderts kam Henry Ford auf die Idee, Geld an Energie zu binden. Auf den ersten Blick ist die Idee verlockend, denn Energie ist das Einzige im Universum, das weder geschaffen noch zerstört werden kann.

Allerdings gibt es viele praktische Probleme bei der Einführung einer solchen Währung. Erst die Erfindung von Computern und des Internets machte sie möglich. Aber im Internet kann alles leicht kopiert werden. Wie könnte man im

Internet eine Währung schaffen, die nicht einfach dupliziert werden kann und so die Geldmenge ohne Kosten ausweitet?

Die Antwort ist das sogenannte „Distributed Ledger" (Deutsch: dezentrales Kassenbuch). Kurz gesagt, wenn alle Transaktionen öffentlich gemacht werden und jeder Nutzer einer Währung alle Transaktionen überprüfen kann, kann die Geldmenge nicht unbemerkt ausgeweitet werden.

Aber wer darf in dieses Kassenbuch schreiben?

Die meisten Besitzer von E-Mail-Konten sind mit dem Phänomen des Spams vertraut. Ein offenes Kassenbuch könnte leicht durch einen Hacker lahmgelegt werden, der die Server mit Spam überflutet, z. B. durch einen DDoS-Angriff.

Um das Spam-Problem zu lösen, erfand Adam Back das Konzept des Proof of Work im Jahr 2002.

Bevor jemand eine E-Mail an einen Benutzer senden konnte, musste der Absender einen Hash der E-Mail finden, der innerhalb eines bestimmten Bereichs lag.

Ein Hash ist der Wert, den eine bestimmte Art von Algorithmus ausgibt, wenn er eine Folge von Bits und Bytes als Eingabe erhält. Das Interessante an Hashes ist, dass sie (soweit mathematisch bekannt) nicht zurückgerechnet werden können. Wenn ich einen Hash habe, kann ich die ursprünglich eingegebenen Bits und Bytes nicht rekonstruieren. Aber praktischerweise ergibt dieselbe Eingabe immer dieselbe Ausgabe, sodass ein Hash einen nicht falsifizierbaren Beweis über die Eingabe liefert, ohne die Eingabe selbst zu offenbaren.

Wenn ich einen Hash dieses Buches im Internet veröffentlichen würde, wäre der Zeitstempel, mit dem ich den Hash hochgeladen habe, der Beweis dafür, dass ich dieses Buch geschrieben habe und niemand anderes. Dennoch könnte der Inhalt des Buches nicht gestohlen werden, indem der Hash kopiert wird.

Moderne Hash-Funktionen wie SHA256 sind so konzipiert, dass sie sehr empfindlich auf kleinste Änderungen der Eingaben reagieren. Wenn ich nur ein Leerzeichen aus diesem Buch entferne, ist es für jeden, der nicht beide ungehashten Versionen des Buches besitzt, nicht zu erkennen, dass beide Hashes zu demselben Buch gehören.

Eine Hash-Funktion kann auch vor Fälschungen schützen. Ein PDF-Dokument oder sogar ein gedruckter Vertrag kann leicht manipuliert werden. Vor Gericht steht also Ihre Aussage allein der Aussage der Gegenpartei gegenüber. Im schlimmsten Fall gibt es für das Gericht keine verlässliche Möglichkeit festzustellen, welcher Vertrag echt und welcher gefälscht ist. Angenommen, die Vertragsparteien haben auch den Hash des Originaldokuments unterzeichnet. In diesem Fall ist es nahezu unmöglich, sowohl den Vertrag als auch den entsprechenden Hash unentdeckt zu fälschen.

Proof of Work nutzt diese Eigenschaften, um Spam kostspielig zu machen. Da nur ein bestimmter Bereich von korrekten Hashes akzeptiert wird, muss der Absender Zeichen zu den Metadaten der E-Mail hinzufügen, um einen Hash zu erhalten, der in den angegebenen Bereich fällt. Da der Hash nicht rückwärts berechnet werden kann, kann der

Absender dies nur tun, indem er zufällige Zeichen hinzufügt und verschiedene Hashes testet, bis er eine Hash-Funktion mit einer passenden Ausgabe findet. Folglich ist eine bestimmte Menge an Rechenaufwand erforderlich, um den Empfänger zu kontaktieren. Da die Berechnung elektrische Energie erfordert, wird Spam teuer und reduziert sich.

Damit könnte eine Währung geschaffen werden, die so strukturiert ist, dass der nächste Eintrag in ein verteiltes Kassenbuch immer von der Person vorgenommen wird, die zuerst eine Transaktion mit einem Hash konstruiert, der in einen bestimmten Bereich fällt. Dann würden alle Nutzer, die das Kassenbuch lesen, überprüfen, ob diese Transaktion zulässig ist. Das heißt, ob nur Geld ausgegeben wurde, das vorher existierte, und ob die Besitzer des Geldes die Transaktion veranlasst haben.

David Chaum schlug bereits im Jahr 1982 ein solches Konzept in Grundzügen als Blockchain vor.

Doch für eine funktionierende digitale Währung fehlte noch etwas.

MEXIKANISCHES PATT

Eine offene Blockchain allein macht noch kein gesundes Geld. Sie ist lediglich eine Methode für alle Nutzer, um zu überprüfen, dass Transaktionen nicht nachträglich verändert wurden und kein neues Geld unrechtmäßig in Umlauf gebracht wurde. Es wird ein Mechanismus benötigt, der sicherstellt, dass die Blockchain vor Angriffen geschützt ist und selbst der Schaden eines erfolgreichen Angriffs wieder behoben werden kann.

Stellen Sie sich vor, ein wohlhabendes Unternehmen investiert genug Rechenleistung, um eine ganze Reihe von Hashes zu finden, die in den Zielbereich passen und nutzt diese, um die Blockchain lahmzulegen, oder mit falschen Transaktionen zu überschwemmen, oder, was am schlimmsten wäre, vollends die Kontrolle über das Netzwerk zu übernehmen.

Die Lösung ist so einfach wie genial und stützt sich auf zwei Säulen. Erstens: die Schwierigkeitsanpassung. Hier wird der Zielbereich durch einen Algorithmus alle 2016 Blöcke angepasst, um eine durchschnittliche Zeit von 10 Minuten zwischen den Blöcken aufrechtzuerhalten.

Selbst wenn ein Unternehmen enorme Rechenleistung bereitstellen würde, könnte die Blockchain nicht unendlich schnell wachsen.

Zweitens würde dieser Bremsmechanismus anderen Netzwerkteilnehmern Zeit geben, falsche Blöcke auszusortieren und ihre Rechenleistung zu erhöhen, um wieder gültige Blöcke zu finden.

An dieser Stelle kommt die zweite Säule ins Spiel. Zusätzlich zur Validierung der Blöcke durch jeden Netzwerkteilnehmer müssen sie sich, im Falle von Unklarheiten aufgrund eines Angriffs oder eines Zufalls (zwei Blöcke werden gleichzeitig gefunden), auf die richtige Blockchain einigen.

Im Zweifelsfall wird immer die längere Kette genommen. Da jeder neue Block kryptografisch mit dem vorhergehenden gültigen Block verknüpft ist, wird eine gültige Kette langfristig immer länger sein als eine angreifende Kette, solange 51 % der Computer im Netzwerk an der ehrlichen Kette arbeiten.

Dieser Mechanismus wurde 2008 von Satoshi Nakamoto beschrieben und wird daher als „Nakamoto-Konsensus" bezeichnet.

Das Besondere an diesem Konsens ist, dass ein Angreifer nicht nur einmal 51 % der Rechenleistung erreichen muss, um die Blockchain anzugreifen. Er muss diese Überlegenheit dauerhaft aufrechterhalten, da ansonsten ehrliche Teilnehmer gemeinsam eine neue Kette aus einem Block vor dem Angriff erstellen könnten, welche die falsche Kette des Angreifers als die längere ersetzt.

Im Prinzip ist dies ein mexikanisches Patt zwischen allen Minern, die nach gültigen Hashes suchen, um die Blockchain fortzusetzen. Wenn einer sich falsch verhält, werden alle anderen ihn sofort angreifen, und seine Rechenleistung wäre umsonst aufgewendet.

Die Miner haben aus drei Gründen einen Anreiz, dies zu tun:

1. Subventionierung von Blöcken
2. Transaktionsgebühr
3. Nodes

Die Block-Subvention ist ein fester Betrag an neuen Bitcoin, den sich jeder Miner für das Finden eines gültigen Blocks auszahlen kann. Wenn jemand einen ungültigen Block anhängt, können andere Miner eine längere Kette von gültigen Blöcken aufbauen, die diesen Block ausschließen und so die Gebühr erhalten. Natürlich ist es viel wahrscheinlicher, dass ein gültiger Block, den ein Miner dem Netzwerk vorschlägt, mit anderen gültigen Blöcken verbunden wird und so die längste Kette entsteht. Um auf einen falschen Block zu bauen, müsste sich die Mehrheit der Miner verschwören.

Überdies kassieren die Miner Transaktionsgebühren für alle Transaktionen, die sie in ihre

Blöcke aufnehmen. Miner, die häufig ungültige Blöcke produzieren, würden schnell keine Transaktionen mehr von den Netzwerkteilnehmern erhalten, da das Risiko einer Zurücksetzung der Kette zu groß wäre.

Die letzte Bastion sind die Nodes, also alle Netzwerkteilnehmer, die nicht selbst nach Blöcken suchen, sondern sie validieren und eine Kopie der gesamten Blockchain speichern. Bitcoin wurde im Gegensatz zu anderen Kryptowährungen so konzipiert, dass die Blockchain langsam wächst, sodass jeder Bitcoin-Nutzer alle Bitcoin-Transaktionen mit erschwinglicher Hardware überprüfen kann (eine Full Node kann zum Zeitpunkt der Erstellung dieses Buches für weniger als 200 Euro eingerichtet werden).

Die Nodes allein haben echte Macht über Bitcoin. Miner sind nur Dienstleistungsanbieter. Wenn sie ungültige Blöcke erstellen, können die Nodes sich weigern, diese zu akzeptieren und die Blockchain einfrieren, bis ein neuer gültiger Block an den letzten gültigen Block angehängt wird.

Wenn jemand die Regeln oder den Code im Bitcoin-Netzwerk ändern will, muss er eine große Mehrheit der Nodes davon überzeugen, die Änderung zu akzeptieren.

In den sogenannten „Block Size Wars" wurde die Macht der Nodes deutlich. Fast alle großen Unternehmen der damals noch jungen Bitcoin-Industrie und die meisten Miner wollten mehr Speicherplatz in Bitcoin-Blöcken, um mehr Transaktionen pro Sekunde zu ermöglichen. Ein Großteil der Node-Betreiber wollte dies jedoch nicht, da es die Kosten für den Betrieb der Nodes in die Höhe getrieben und möglicherweise zu einer Zentralisierung geführt hätte.

Eine solche Zentralisierung wäre eine erhebliche Bedrohung für Bitcoin. Die Eigeninteressen der Nodebetreiber stellen sicher, dass die Geldmenge nie über die knapp 21 Millionen BTC hinauswachsen kann, die Satoshi ursprünglich im Code festgelegt hat.

Jeder Nodebetreiber kann mit seiner Node sicherstellen, dass nur die Regeln und der Code, die er installiert hat, im Netzwerk verwendet werden. Wenn einige Teilnehmer inkompatiblen Code verwenden, spaltet sich das Netzwerk. Das neue Netzwerk hat die gleiche Transaktionshistorie wie Bitcoin, ist aber nicht mehr Bitcoin.

Es hat bereits mehrere solcher „Hard Forks" gegeben, unter anderem während der Block Size Wars. Da jedoch die Mehrheit der Nodes am alten Code festhielt, verloren die alternativen Bitcoin-Kopien schnell an Wert und Unterstützung. Die Miner konnten ihre Stromkosten nicht mehr decken und kehrten zum Mining gültiger Bitcoin-Blöcke zurück. Man kann also sagen, dass es für eine zentrale Instanz umso schwieriger ist, Bitcoin zu verändern oder zu kontrollieren, je mehr individuelle Nodebetreiber es gibt.

Die Innovation von Bitcoin besteht nicht nur aus einer einzigen Codezeile, sondern aus einer Kombination von Technologie, Netzwerkeffekten und Spieltheorie. Jeder Bitcoin-Nutzer kann seine eigene Node betreiben, solange er sich die Hardware und ein paar Watt Stromverbrauch leisten kann, und damit sicherstellen, dass das

Bitcoin-Netzwerk unmanipuliert bleibt und niemand seine Bitcoin wegnehmen oder ihre Kaufkraft weginflationieren kann.

Bitcoin verbindet in einzigartiger Weise Energie und Geldmenge. Egal, wie viel Energie für das Mining von Bitcoin aufgewendet wird, es werden nie mehr als 21 Millionen im Umlauf sein. Mehr Energieaufwand bedeutet lediglich, dass das Netzwerk sicherer wird, und jeder Nutzer hat einen Anreiz, dass das Netzwerk mit der Zeit noch sicherer wird.

Je weiter die Verbreitung von Bitcoin voranschreitet, je mehr Nodes und Miner es im Netzwerk gibt, desto mehr Aufwand muss ein Angreifer betreiben, um auch nur einen einzigen Block zu fälschen.

Heute ist ein erfolgreicher Angriff auf Bitcoin durch einen einzelnen Staat quasi nicht mehr möglich. Das ist auch der Grund, warum es nie einen zweiten Bitcoin geben kann.

ES GIBT KEINEN ZWEITPLATZIERTEN

Um es noch einmal zusammenzufassen: Bisher haben wir gelernt, warum Geld optimal funktioniert, wenn es eine konstante Menge hat. Dann haben wir herausgefunden, dass Gold in den vergangenen 5000 Jahren die beste Technologie für Geld war und Bitcoin nun die wichtigsten Nachteile von Gold ausmerzt.

Die naheliegende nächste Frage ist:
Was wird das nächste Geld nach Bitcoin sein?

Wie Sie dem Titel dieses Buches vielleicht entnehmen können, vertritt der Autor die Ansicht, dass es in den nächsten Jahrtausenden kein nächstes Bitcoin geben wird. Ich möchte dies aber nicht nur postulieren, sondern Ihnen ein paar Schlüsselargumente geben, warum ich glaube, dass dies der Fall ist.

Wie die Geschichte zeigt, neigt jedes lokale Wirtschaftssystem, abgesehen von kurzen Übergangszeiten, dazu, nur ein einziges Geld zu verwenden. Das liegt an den starken Netzwerkeffekten, die Geld hat. Um ein optimales Tauschmittel und eine optimale Rechnungseinheit zu sein, ist es am besten, wenn man nicht zwischen verschiedenen Währungen konvertieren muss. Und da Netzwerkeffekte exponentiell mit der Zahl der Nutzer wachsen, muss jede neue Geld-Technologie, ab einer bestimmten Nutzerzahl, deutlich besser sein als die vorherrschende, um sie zu ersetzen. Ein wenig besser ist nicht genug.

Aus diesem Grund konnte Platin Gold als Geld nicht herausfordern, und Kupfer wurde immer nur als heimlicher Ersatz für Gold und Silber verwendet, nicht als Marktwahl.

Jetzt werden Sie vielleicht denken:
„Gold und Silber waren tausende Jahre zwei konkurrierende Geldarten."

Dies ist ein berechtigtes, aber dennoch fehlerhaftes Argument. Silber war nur ein Ersatz für Gold bei kleinen Transaktionen, da Gold schlecht teilbar ist. In Wahrheit handelte es sich lediglich um einen bimetallischen Geldstandard.

Länder wie China, die versuchten, den Silberstandard beizubehalten, während der Rest der Welt den Bimetall-Standard anwandte, wurden wirtschaftlich vernichtet, weil sie minderwertiges Geld verwendeten.

Das wirtschaftliche Ping-Pong-Spiel zwischen dem Goldstandard und dem Fiat-Geld ist kein Phänomen des freien Marktes, sondern war schon immer ein Phänomen der Manipulation und der Gewalt, das aufgrund der monetären Schwächen des Goldes möglich war.

Die Frage, die man beantworten muss, wenn man sich fragt, ob Bitcoin Erfolg haben wird, lautet also:

Wird es ausreichend besser sein, die Macht des etablierten Goldes zu überwinden?

Diese Frage ist jedoch hinfällig, da wir uns derzeit in einem globalen Fiat-Standard befinden. Auch wenn Sie also unsicher sind, ob Bitcoin vor 100 Jahren den Netzwerkeffekt von Gold hätte aushebeln können, muss er heute nur Fiat übertreffen.

Bitcoin wird erfolgreich sein, wenn es ein besseres Geld als Gold ist, was ich in den vorherigen Kapiteln argumentativ bewiesen habe. Und da Bitcoin bereits eine dominierende Rolle im Bereich der Kryptowährungen spielt und weltweit schätzungsweise mehr als 200 Millionen Nutzer hat, ist es längst größer als die meisten Fiat-Währungen.

Man kann also mit Fug und Recht behaupten, dass der nächste Bitcoin ein deutlich besseres Geld als Bitcoin sein müsste. Und ein solches Geld ist aus zwei Gründen unwahrscheinlich:

Der erste Grund ist, dass Bitcoin die Sicherheit seiner stabilen Geldmenge maximiert, sodass ein besseres Geld in Bezug auf diesen Schlüsselparameter nicht einmal theoretisch möglich ist.

Ein Geld, das nicht nur bei anderen Geld-Parametern besser ist, sondern gleichzeitig so sicher in seiner Knappheit wie Bitcoin, ist schwer vorstellbar. Ein Geld, das in diesen Parametern so viel besser ist, dass es Bitcoins Netzwerkeffekt überwinden kann, wird mit jedem neuen Bitcoin-Nutzer exponentiell unwahrscheinlicher.

Zusätzlich zu diesem Problem hätte jedes Geld der nächsten Generation das Problem, dass Bitcoin bereits existiert. Bitcoin konnte zwar dezentral wachsen, aber das war nur möglich, weil die Mächtigen es nicht ernst genommen haben.

Jedes Geld, das dies jetzt versucht, hätte nicht den Vorteil, unter dem Radar zu fliegen und würde daher wahrscheinlich von zentralisierten Mächten vereinnahmt werden.

Weitaus sinnloser wäre es jedoch, wenn ein solches Geld erfolgreich wäre. Denn wenn Geld zu einer Technologie wird, die alle paar Jahre durch eine bessere ersetzt wird, würde das bedeuten, dass ihm die Eigenschaften fehlen, eine Transaktion über die Zeit zu übertragen.

Digitale Knappheit kann nur einmal entdeckt und nur einmal erfolgreich in eine Technologie umgesetzt werden. Jede Kopie muss notwendigerweise nur eine Kopie sein und als solche kann sie selbst kopiert werden. Wenn sie kopiert werden kann, ist sie nicht knapp.

Bitcoin ist die einzige Chance, die wir haben. Wenn wir Bitcoin vermasseln, gibt es wenig Hoffnung, dass wir jemals wieder gesundes Geld haben werden.

Glücklicherweise denke ich, dass die Chancen für den Erfolg von Bitcoin ausgezeichnet sind, solange alle Bitcoiner wachsam und mutig bleiben. Bitcoin ist wahrlich Hoffnung. Nicht nur für ein besseres Geld, sondern für eine bessere, nachhaltigere Gesellschaft.

Wenn Sie das noch nicht glauben, hoffe ich, Sie in den nächsten Kapiteln von dieser Vision überzeugen zu können.

TEIL 2:

BITCOIN NATION–
AUFBAU EINER STARKEN
GESELLSCHAFT AUF
GESUNDEM GELD

ÜBER REPRÄSENTATIVE DEMOKRATIE HINAUS

„Viele Regierungsformen sind erprobt worden, und werden in dieser Welt der Sünde und des Unheils ausprobiert werden. Niemand behauptet, dass Demokratie perfekt oder allwissend ist. In der Tat ist gesagt worden, dass Demokratie die schlechteste Regierungsform ist, abgesehen von allen anderen Formen, die von Zeit zu Zeit ausprobiert wurden. "
-Winston S Churchill, 11 November 1947

Die moderne Demokratie ist eine bessere Form der Regierung, verglichen mit den meisten historischen Regierungsformen. Dennoch werden die meisten vernünftigen Menschen zugeben, dass sie viele Schwächen hat. Leider leugnen die meisten Menschen die Möglichkeit einer grundlegenden Verbesserung. Meiner Meinung nach ist es bedauerlich, dass die westlichen Länder eine Version der repräsentativen

Demokratie in ihren Verfassungen fest verankert haben, ohne einen Mechanismus, sie im Laufe der Zeit zu verbessern und neue Technologien einzubeziehen.

Die meisten heute geltenden Verfassungen wurden vor dem Internet geschaffen, einige sogar, bevor die Elektrizität weit verbreitet war. Wenn man sich ansieht, wie sehr sich alles in unserer Gesellschaft in den letzten 200 Jahren verändert hat, wie kann man dann zu dem Schluss kommen, dass wir unsere Gesellschaft heute nicht besser organisieren können?

Die Frage, wie eine Nation besser organisiert werden kann, beschäftigt mich schon seit vielen Jahren. Und obwohl ich in meinen früheren Arbeiten mehrere Vorschläge zur Verbesserung unserer Regierungsführung gemacht habe, stehe ich heute nicht mehr hinter diesen Ideen.

Nicht, weil ich glaube, dass sie keine Verbesserung darstellen würden, sondern weil ich bezweifle, dass eine festgeschriebene Lösung sinnvoll ist.

Was wir benötigen, ist eine Form der gesellschaftlichen Organisation, die sich im Laufe der Zeit kontinuierlich verbessert, und nicht ein weiteres in Stein gemeißeltes System wie das derzeitige.

Die schwierige Frage ist:
Wie kann eine kontinuierliche Verbesserung erreicht werden?

Ein entsprechendes Verfahren ist in anderen Bereichen bekannt. Er wird „Markt" genannt. Auf dem freien Markt passen sich Produkte und Dienstleistungen den Bedürfnissen und dem Zeitgeist der jeweiligen Epoche an und werden im Laufe der Zeit besser.

In diesem Kapitel soll daher untersucht werden, wie die Staatsführung eines Landes den Prozessen des freien Marktes unterworfen werden kann.

Im ersten Schritt werden wir die Frage, um die es geht, auf den Kopf stellen:
Warum sind die staatlichen Verwaltungen heute nicht den Marktkräften unterworfen?

Die Antwort auf diese Frage wird viele Sozialisten überraschen:
Bis zu einem gewissen Grad sind sie es.

Wenn ich mit den staatlichen Leistungen in meinem Heimatland unzufrieden bin, kann ich ausreisen und die Staatsbürgerschaft eines anderen Landes beantragen.

Dem stehen mehrere große Hindernisse entgegen, die die Marktkräfte so stark einschränken, dass sie kaum noch wahrnehmbar sind.

Das Erste ist die Tatsache, dass man im Gegensatz zu seinem Internetprovider seinen Staat nicht wechseln kann, ohne umzuziehen. Da die meisten Menschen, wie auch ich, sehr tief mit ihrem Geburtsort verwurzelt sind, kommt ein Umzug nicht infrage.

Das zweite Hindernis ist die Ein- und Auswanderungspolitik. Für viele Nationalitäten ist es praktisch unmöglich, in ein Land ihrer Wahl zu ziehen. Und selbst wenn man das Glück hat, einen Reisepass zu besitzen, der einem viele Türen öffnet, können die Vermögenssteuern, die man zu zahlen hat, wenn man das Land dauerhaft verlässt, verheerend sein.

Um es auf den Punkt zu bringen:
Staaten haben ein territoriales Monopol auf Gewalt. Und dieses Monopol verhindert die freie Wahl der Nationalität auf dem Markt nahezu vollständig.

Für die meisten modernen Menschen ist diese Antwort der Punkt, an dem sie ihre Nachforschungen einstellen. Da ein Staat durch dieses Monopol definiert ist, und wir offensichtlich Staaten brauchen, sagen Sie sich: „Schade … Kann man nichts machen … Weiter so.“

Eine Gruppe von Denkern ist jedoch an diesem Punkt weitergegangen. Das sind die Libertären, allen voran der, der Österreichischen Schule angehörige Ökonom Murray Rothbard. Ihm schwebte eine Gesellschaft vor, in der nur die Marktkräfte und das Naturrecht herrschen. Leider haben er und die meisten anderen libertären Denker es versäumt, einen praktikablen Plan vorzulegen, wie man dieses

Ziel erreichen könnte. Vielmehr wollten sie eine libertäre Gesellschaft so verankern, wie es heute die repräsentative Demokratie macht. Erschwerend für die Libertären kommt hinzu, dass ihre Ideen in den USA Ronald Reagan und im Vereinigten Königreich Margaret Thatcher unter dem Namen Neoliberalismus durch Gewalt, an sich gerissen haben. Unter der Flagge des freien Marktes haben sie mit ihrer Politik korrupte Vetternwirtschaft betrieben. Sie taten dies in einem solchen Ausmaß, dass die Worte „Libertarismus" und „Liberalismus" so stark befleckt wurden, dass sie in den Köpfen der meisten Menschen heute fast das Gegenteil von dem bedeuten, was Rothbard oder Mises mit diesen Worten meinten.

Aus meiner Sicht hatten die ursprünglichen Libertären viele gute Ideen, machten aber einen fatalen Fehler, der, wenn er korrigiert wird, ihre Träume Wirklichkeit werden lassen könnte.

Für eine Gesellschaft, in der die Regierung dem freien Markt unterworfen ist, braucht man weder den Staat abzuschaffen noch eine neue territoriale

Regierungsform zu schaffen. Das einzige Ergebnis wäre die Herrschaft des Stärkeren, die zu beseitigen, die Staaten überhaupt erst erfunden wurden.

Der wahre Weg dorthin ist meiner Meinung nach, dass das territoriale Monopol des Staates innerhalb des gegenwärtigen Systems gebrochen werden muss und der Rest dann automatisch folgen wird.

Wie lässt sich dies erreichen?

Mein Vorschlag ist einfach:
Erlauben Sie den Menschen, ihren staatlichen Dienstleistungsanbieter zu wählen, so wie ihren Internetanbieter. Warum sollte Ihre Staatsangehörigkeit mehr an den Ort gebunden sein, an dem Sie leben, als Ihr Internetdienst?

Auf den ersten Blick mag Ihnen dieser Gedanke lächerlich erscheinen, aber hören Sie mir bitte zu. Es ist noch gar nicht so lange her, dass in meinem Heimatland Deutschland Telefon- und Internetdienste von staatlich geführten Unternehmen monopolisiert wurden.

Begründet wurde dies mit der Tatsache, dass es angeblich nicht wirtschaftlich sei, mehr als eine Infrastruktur zu haben, die also der Staat bereitstellen muss. Nach der Aufhebung des Monopols stellte sich jedoch heraus, dass es nicht nur wirtschaftlich rentabel ist, mehr als eine Telekommunikationsinfrastruktur zu haben, sondern dass die vorhandene Infrastruktur auch an neue Marktteilnehmer verpachtet werden kann. Heute schränkt das Eigentum an den Telefonleitungen zu meinem Haus meine Auswahl an Anbietern nicht mehr ein.

Warum sollte das für den Staat anders sein?

WOZU BRAUCHEN WIR STAATEN?

Ohne Staaten würden wir in einer Welt leben, in der sich der Stärkere von den Schwächeren nimmt, was er will, in der Mord, Vergewaltigung und Chaos herrschen würden.

In diesem Sinne argumentieren die meisten Menschen, warum ein Staat in seiner jetzigen Form notwendig ist.

Werfen wir einen kurzen Blick darauf, warum und wie sich Staaten wirklich entwickelt haben.

Unser Wissen über die Geschichte der frühen Tage der vorzivilisierten Menschen ist sehr begrenzt. Soweit wir wissen, lebten sie in kleinen Familienstämmen, jagten und sammelten, um zu überleben. Wenn die Zeiten gut waren, lebten sie in Hülle und Fülle. Wenn die Zeiten hart waren und die Nahrung knapp wurde, ermordeten einige stärkere Stämme andere schwächere Stämme für Nahrung und andere knappe Ressourcen. Die schwächeren oder friedlicheren Stämme wurden dabei entweder ausgerottet oder zogen in weniger umkämpfte Gebiete.

Mit der Zeit fanden einige schwächere Stämme heraus, dass sie sich zusammenschließen und die kleineren, starken Stämme bekämpfen konnten. Dies löste eine Rückkopplungsschleife aus, bei der sich friedliche und aggressive Stämme zu immer größeren Gruppen zusammenschlossen, um die anderen Stämme zu erobern oder abzuwehren. Die größeren Gruppen waren weniger mobil, sodass die Entwicklung neuer Werkzeuge wie der Landwirtschaft erforderlich waren, um große Gruppen von Homo Sapiens dauerhaft an einem festen Ort zu ernähren.

Man kann also sagen, dass sich der Staat gar nicht wirklich entwickelt hat, um die Herrschaft des Stärkeren loszuwerden, sondern nur, um immer stärkere Herrscher zu züchten. Wenn man sich die

Geschichte militärischer Konflikte ansieht, waren Staaten nie über längere Zeiträume friedlich. In dem Maße, in dem die Staaten größer wurden, wurden auch die Kriege größer.

Man könnte gegen diese Analyse einwenden, dass zumindest die Bürger innerhalb der Staaten weniger Gewalt erleben als ohne Staat, weil die Regierung Konflikte zwischen den Bürgern friedlich löst und die Kriminalität bekämpft.

Das ist aus meiner Sicht nicht richtig. Solange es dem Staat gelingt, Ressourcen für seine Eliten von außen zu beschaffen, ist er friedlich zu seinen Bürgern. Wenn er bei der Beschaffung von Ressourcen aus dem Ausland nicht erfolgreich ist, wendet er sich gegen seine Bürger. Der Konflikt „Rechts gegen Links" ist nicht wirklich ein politischer Konflikt, es handelt sich lediglich um zwei unterschiedliche Positionen eines ständig schwingenden Pendels.

Mit der Zeit gehen die meisten Staaten dazu über, zunächst die Außenwelt auszurauben, um zu wachsen, und wenn dies nicht mehr möglich ist, wenden sie sich gegen ihre Bürger, um die Eliten zu bereichern. Dieser Prozess lässt sich heute in den USA beobachten.

Dieser Prozess kehrt sich um, wenn ein Staat aus den Trümmern eines militärisch gescheiterten Staates neu geschaffen wird. Er kann dann nicht darauf hoffen, Ressourcen von außen zu erhalten, und wird sich zunächst nach innen wenden und die Masse der Bürger ausbeuten, um eine kleine Elite zu bereichern. Dies geschah in Russland nach dem Ersten und in China nach dem Zweiten Weltkrieg. Sobald ein solcher Staat mächtig genug wird, wird er sich wieder nach außen wenden, um Ressourcen zu beschaffen.

Wie wir bei der Erörterung von den Auswirkungen der Ausweitung der Geldmenge gesehen haben, machen die Gewalt und die Beschränkungen des freien Marktes, die von beiden Arten von Staaten auferlegt werden, letztlich niemanden wirklich reicher. Sie machen eine kleine Elite vergleichsweise reicher, aber insgesamt behindern sie das Wirtschaftswachstum und verursachen Ineffizienz.

Dies wird deutlich, wenn man sich historische Beispiele von Staaten ansieht, die einen anderen, liberaleren, marktorientierteren Ansatz verfolgt haben. Sei es das historische Venedig oder die Hansestädte. Diese kleinen Stadtstaaten konzentrierten sich auf freien Handel und persönliche Freiheiten und ließen ihre Gesetzbücher größtenteils auf freiwilliger Basis von Kaufleuten erstellen. Dadurch konnten sie unermessliche Reichtümer anhäufen und sich trotz ihrer geringen Größe genügend militärische Macht leisten, um sich jahrhundertelang gegen größere Staaten zu behaupten.

Leider ist eine geringe territoriale Größe letztlich fatal. Sobald diesen Staaten ein winziger Fehler unterlief oder die Konkurrenten in der schieren relativen Bevölkerungszahl groß genug waren, wurden die kleinen freien Städte gewaltsam in größere Reiche eingegliedert und ihrer Reichtümer beraubt oder die Bevölkerung ganz ausgelöscht.

Da freie Gesellschaften zu einem großen Teil auf Freiwilligkeit und Zustimmung beruhen, müssen sie zwangsläufig klein sein, wenn sie territorial organisiert sind. Es ist einfach zu schwierig, genügend Gleichgesinnte in einem begrenzten geografischen Gebiet zu finden. Wenn also ein kleiner, freier Staat wächst, auch wenn er demokratisch organisiert ist, kann er umso weniger demokratisch bleiben, je mehr er wächst. Er kann immer noch behaupten, demokratisch zu sein, aber in Wirklichkeit wird sich die Demokratie irgendwann in eine Diktatur der Massen verwandeln, die dann schnell von Eliten an sich gerissen wird. Innerhalb von höchstens ein paar hundert Jahren hat sich bisher jede Demokratie in der Geschichte in eine Form von autoritärem Staat verwandelt. Ein Trend, der leider derzeit in den meisten westlichen Ländern erneut zu beobachten ist.

Es gibt jedoch ein Gegenbeispiel. Die jüdische Diaspora hat ihre Heimat zwar nicht freiwillig verlassen, aber sie ist ein großartiges Beispiel dafür, wie eine kleine Nation sich auf nicht-territoriale Weise organisieren, zu Wohlstand kommen und Jahrtausende der Verfolgung überstehen kann. Ich bewundere die Errungenschaften des jüdischen Volkes sehr.

Lange vor den modernen Telekommunikationstechnologien gelang es der Diaspora, sich zu organisieren, ein von den territorialen Gastgeberstaaten weitgehend unabhängiges Rechts- und Bildungssystem aufzubauen und ein Handelsnetz zu schaffen, das einige ihrer Mitglieder zu spektakulärem Wohlstand führte.

Natürlich hat dieser Reichtum Neid ausgelöst, und so wurden die Juden, genau wie die kleinen freien Stadtstaaten, ständig angegriffen, und es wurden viele Verschwörungstheorien aufgestellt, um sie zu diskreditieren. Anders, als die territorial organisierten, freien Nationen konnte die Diaspora jedoch nicht erobert, assimiliert oder eliminiert werden. Wann immer ein territorialer Herrscher mit der Verfolgung des jüdischen Volkes begann, ermöglichte es das dezentralisierte Netzwerk der Diaspora, sich zu organisieren und so viele Mitglieder ihres Volkes wie möglich aus der Gefahr zu bringen. So überlebten sie als Volk, obwohl sie unsägliche Tragödien erlitten.

Angesichts dieser Erfolgsgeschichte schlage ich für künftige Nationen vor, sich auf dieselbe Weise dezentral zu organisieren. Das wirft natürlich die nächste Frage auf:

Was ist eine Nation?

GEBURT EINER NATION

Staat, Land, Nation. Diese Wörter werden im modernen Deutsch oft synonym verwendet. Ein unglücklicher Umstand, der dadurch entstanden ist, dass Lehrer beim Schreiben und Benoten von Aufsätzen den Schwerpunkt auf Kreativität statt auf Präzision legen. In Verbindung mit der Tatsache, dass einige Verfasser von Enzyklopädien die Warnungen in Orwells 1984 anscheinend mit Arbeitsanweisungen verwechselt haben, sind das moderne Deutsch und die meisten anderen Sprachen so verworren, dass eine präzise Kommunikation fast unmöglich ist. Daher muss jede tiefgründige Diskussion zwangsläufig in einen Streit über Definitionen ausarten. Da also jedes Wort heutzutage alles und sein Gegenteil bedeutet, sollten wir versuchen, uns für den Rest dieses Buches auf differenzierte Definitionen zu einigen.

Mit „Staat" meine ich ein territorial organisiertes Land mit einer Regierung, die ein Gewaltmonopol beansprucht.

Mit „Land" meine ich jede territorial organisierte Regierungsform, die nicht unbedingt ein Gewaltmonopol hat.

Und wenn ich „Nation" schreibe, beziehe ich mich auf jede Gruppe von Menschen, die sich freiwillig unter einer Verwaltungsstruktur zusammenschließt, unabhängig davon, ob sie territorial organisiert ist oder ein Gewaltmonopol für ein Regierungsorgan hat.

Anhand dieser Definitionen werden Sie vielleicht verstehen, warum ich im ersten Kapitel die Frage gestellt habe, ob ein Staat mit einem Bitcoin-Standard es noch verdient, als Staat bezeichnet zu werden. Obwohl ich nicht per se dagegen bin, dass sich eine Nation als Staat organisiert, werden wir in den folgenden Kapiteln diskutieren, warum ich denke, dass sich eine Nation weder als Staat, noch als Land organisieren sollte. In der Tat werden wir feststellen, dass es für die langfristige Zukunft nur zwei Möglichkeiten zu geben scheint. Entweder Nationen ganz ohne Staaten oder Staaten, in denen die herrschende Klasse ihre eigene Nation bildet und die Bürger unterdrückt, die sie als minderwertig betrachtet.

Während ich diese Zeilen schreibe, kann ich fast körperlich das Unbehagen spüren, welches meine Definition von Nation bei einigen meiner Lesern hervorrufen wird.

Nationalität ist etwas, mit dem sich die Menschen zutiefst identifizieren und das sie als so unveränderlich betrachten, wie die Farbe ihrer Haut oder wer ihre Eltern sind.

Gerade in meinem Heimatland Deutschland kann diese Diskussion über die „wahre Nationalität" groteske Ausmaße annehmen. Wenn Ausländer nach Deutschland einwandern, werden sie, ihre Kinder und oft auch ihre Enkelkinder als Ausländer betrachtet und sehen sich oft selbst als solche, egal ob sie ausschließlich einen deutschen Pass haben oder nicht einmal die Sprache ihres vermeintlichen Heimatlandes sprechen.

Wenn ich meine eigene Familie betrachte, ist ein Teil von ihr nach dem Zweiten Weltkrieg aus Ostpreußen eingewandert, einem Gebiet, welches zu diesem Zeitpunkt deutsch, in der Vergangenheit aber überwiegend polnisch war und es heute auch wieder ist. Ist dieser Zweig meiner Familie also polnisch oder deutsch?

Der Großteil meines Stammbaums ist seit Jahrhunderten in derselben Gegend ansässig. Dennoch hatten allein die letzten fünf Generationen vier verschiedene Nationalitäten. Sie galten als Österreicher, Bayern, Salzburger und schließlich als Deutsche.

Des Pudels Kern ist im Grunde die Verwechslung von Nationalität und Staatsangehörigkeit. Wie bereits erwähnt, begann die Menschheit als Familiengruppen, die nicht unbedingt an ein einziges Gebiet gebunden waren. Dass eine Nation eine starke Komponente gemeinsamer Abstammung, gemeinsamer Werte und Interessen hat, ist also ganz natürlich. Nachdem sich Nationen in Ländern niedergelassen hatten und später sogar zu Staaten wurden, verteilten

sich die Menschen, die man am ehesten als eine Nation bezeichnen kann, immer mehr auf verschiedene Staaten und Länder. Mit dem Verlust der Unterscheidung zwischen diesen Begriffen entstanden die nationalistischen Konflikte. Im Wesentlichen nutzen Nationalisten die emotionale Bindung, die man zu seiner Nationalität und seinem Heimatland hat, als Waffe, um Menschen dazu zu verleiten, Angehörige ihrer Nation im Namen eines Staates zu töten.

Wie können wir also dieses Dilemma lösen und unsere eigene Nationalität definieren?

Kurz gesagt, ich denke, dass Nationalität immer eine Wahl ist und auch schon immer war. Sie entscheiden, wer Sie sind und mit welcher Gruppe von Menschen Sie sich identifizieren. Blutlinien sind aus biologischen Gründen eine oft gewählte, gemeinsame Basis, aber meiner Meinung nach nicht zwingend notwendig.

Wie Balaji in „The Network State" erklärt, kann eine Nationalität jede Gruppe von Menschen sein, die sich aufgrund eines gemeinsamen Interesses zusammenschließen. Diese Überschneidung von Interessen kann sehr breit oder sehr spezifisch sein. Vielleicht kann jeder, der Bitcoin für das beste Geld hält, Teil einer riesigen „Bitcoin-Nation" sein. Vielleicht spaltet sich diese Nation in Sub-Nationen auf, weil die „Atheistische Veganer-Bitcoin-Nation" die „Christliche Fleischfresser-Bitcoin-Nation" nicht ausstehen kann. Und vielleicht können Menschen mehreren Nationen gleichzeitig angehören, so wie ich, der sich derzeit als Europäer, Deutscher, Bayer und Bitcoiner sieht.

Wie eine solche Nation auf der Grundlage gemeinsamer Interessen entstehen könnte, wird in „The Network State" ausführlich erläutert, sodass ich mich hier sehr kurzfassen werde. Im Wesentlichen lautet Balajis These, dass sich Menschen mit gemeinsamen Interessen, dank des Internets, leicht organisieren und zusammenschließen können, unabhängig davon, wo sie sich hauptsächlich aufhalten. Wenn eine solche Gruppe groß genug ist, kann sie Lobbyarbeit betreiben, um in der internationalen Diplomatie

als Entität anerkannt zu werden, vielleicht sogar Land erwerben und einen Unterstaat in einem Gebiet eines Gaststaates gründen.

Ich stimme dem ersten Teil zu. Die Menschen können sich leicht über das World Wide Web organisieren und möglicherweise sogar von der UNO als Nation anerkannt werden. Was ich nicht verstehe, ist, warum diese Nation ein Staat werden sollte. Ganz im Gegenteil, eine global organisierte Nation, die sich in ein neues Venedig oder eine neue Hansestadt verwandelt, wird wahrscheinlich das gleiche Schicksal erleiden wie diese kleinen Staaten.

Meiner Meinung nach wäre es viel besser, wenn eine solche Gruppe die Staaten dazu bringen würde, sie als dezentralisierte Nation anzuerkennen. Ob dies möglich ist und wie ökonomische Anreize und die Spieltheorie diese Option stark begünstigen könnten, soll in den folgenden Abschnitten erörtert werden.

Die Rechtsgrundlage für die Abspaltung von Völkern in ihre eigenen unabhängigen Nationen ist in der UN-Resolution 1514 vom 14. Dezember 1960 eindeutig festgelegt. Die Menschen haben das Recht auf Selbstbestimmung, einschließlich ethnischer Gruppen und Nationalitäten in kolonialen oder zusammengeschlossenen Staaten (z. B. Jugoslawien), die für ihre Unabhängigkeit stimmen können. In der Praxis wurde dieses Recht leider recht willkürlich angewandt. Während die Schotten über ihre Unabhängigkeit abstimmen konnten, wurde dies den Katalanen verweigert oder genauer gesagt ihr Votum wurde nicht anerkannt.

Das eigentliche Problem für dieses Recht liegt in dem, was ich oben erklärt habe. Die Begriffe „Nation" und „ethnische Gruppe" sind nicht klar definiert. Und für jede beliebige geografische Region wird man immer sagen können: „Das ist eine gemischte Bevölkerung, keine Nation, die hat kein Wahlrecht." Der einzige Weg, um als Nation anerkannt zu werden, besteht also darin, eine Gruppe zu bilden, die zu groß ist, sie zu ignorieren.

Über das Internet sollte dies kein Problem sein. Je autoritärer die Staaten werden, desto mehr Menschen werden aussteigen wollen. Dabei spielt es keine Rolle, ob diese Menschen eine riesige neue Nation oder viele kleine Nationen schaffen wollen. Zunächst haben sie alle ein gemeinsames Interesse daran, dass dieser Wunsch anerkannt wird. Die beste Strategie für sie scheint ein gemeinsamer Kampf, um die Anerkennung als neue, dezentrale Nation, zu sein. Sobald diese Nation dann offiziell von den großen Staaten anerkannt ist, können sie die Details klären und sich gegebenenfalls weiter aufteilen, oder die große Nation in kleinere föderierte Nationen unterteilen.

Dies ist nur ein Teil des Weges zum Erfolg für neue, dezentralisierte Nationen. Sie können auch aus bestehenden Staaten entstehen, und zwar aus Eigeninteresse der Eliten dieser Staaten.

DIE DEMOGRAFISCHE BOMBE

Bevölkerungsstatistiken zeigen, dass irgendwann in den 2030er Jahren die meisten westlichen Staaten die Auswirkungen der demografischen Bombe erleben werden. Nämlich, dass über die Hälfte der Bevölkerung über 65 Jahre alt sein wird und aus dem Erwerbsleben ausscheidet.

Diese Situation ist unüberwindbar für die derzeitigen westlichen Sozialversicherungs- und Wohlfahrts-systeme. Vor allem in Anbetracht der enormen Schuldenstände, die diese Staaten bereits angehäuft haben.

Der einzige Ausweg für die Staaten ist die Anwerbung qualifizierter Fachkräfte aus anderen Regionen. Natürlich kommt einem da sofort der einzige Kontinent, auf dem die Geburtenrate noch über der Reproduktionsrate liegt, in den Sinn – Afrika. Leider ist das Bildungssystem in den meisten Teilen Afrikas weit entfernt von der Qualität und Kapazität, die zur Aufrechterhaltung der westlichen Hightech-Industrieproduktion benötigt wird.

Ein Problem, das nahezu unmöglich, rechtzeitig zu lösen ist. Genügend hoch qualifizierte Arbeitskräfte auszubilden, um die in Rente gehenden Boomer und die Generation X zu ersetzen, wird kaum gelingen. Wenn also Elon Musks Tesla Bot nicht bis Ende der 2020er-Jahre auf dem Markt und ausgesprochen fähig ist, werden die westlichen Staaten einer harten Konkurrenz ausgesetzt sein, qualifizierte Arbeitskräfte aus anderen schrumpfenden Bevölkerungsgruppen oder aus Indien zu rekrutieren.

Besonders die Vereinigten Staaten von Amerika sind in Schwierigkeiten, wenn sie ihre Position als dominierende militärische und wirtschaftliche Macht halten wollen. Ihr Vorteil ist, dass sie im Moment immer noch das beliebteste Ziel für qualifizierte Auswanderer sind. Es ist dennoch unwahrscheinlich, dass die kleine Minderheit von Menschen, die bereit ist, sich selbst zu entwurzeln und über den Globus zu ziehen, ausreichen wird, um sie vor der demografischen Bombe zu bewahren.

Irgendwann in naher Zukunft ist es wahrscheinlich, dass sich die USA der Bewegung der digitalen Pässe anschließen und ihre staatlichen Dienstleistungen Menschen im Ausland anbieten.

Zunächst wird dies harmlos genug aussehen, damit andere Staaten sich nicht bedroht fühlen. Gegen Zahlung einer pauschalen Steuer erhalten gut verdienende Personen einen US-Pass und alle damit verbundenen Vorteile. Später, wenn die Steuersituation immer hoffnungsloser wird, wird das Angebot staatlicher Dienstleistungen für digitale Bürger erweitert werden. Wenn US-Bürger in Gaststaaten mit dem Gesetz in Konflikt geraten, werden die USA ihre diplomatische und militärische Macht einsetzen, um die Zuständigkeit zu beanspruchen und die Bürger zu retten. Eines Tages werden die Vereinigten

Staaten wahrscheinlich auf eine UN-Resolution drängen, die das Recht auf Selbstbestimmung auf den Einzelnen und das von ihm bewohnte Grundstück erweitert. Mit diesem Schritt würden die USA nicht nur den Zugang zu den produktivsten Arbeitern, sondern auch Zugriff auf das Land und die Ressourcen von vermögenden Privatpersonen erlangen.

Natürlich, aus der Sicht der frühen 2020er-Jahre mag eine solch fundamentale Veränderung in der Organisation der Staaten weit hergeholt klingen, aber ich halte sie für weitaus wahrscheinlicher als das Erraten des Ausgangs eines Münzwurfes. Der Druck, ein solches System schrittweise einzuführen, ist dank der demografischen Bombe extrem hoch. Außerdem ist die Anreizstruktur sowohl für Staaten als auch für Individuen so stark, dass bis zu dem Zeitpunkt, zu dem die USA auf ein individuelles Selbstbestimmungsrecht drängen würden, andere große Staaten wahrscheinlich bereits das Modell der digitalen Bürgerschaft kopiert hätten.

Vielleicht hätten sie sogar versucht, die USA in Bezug auf die Vorteile für digitale Bürger im Wettbewerb zu übertreffen.

Wenn Sie weiterhin nicht davon überzeugt sind, dass meine Vorhersagen nicht verrückt sind, sollten Sie die Alternativen in Betracht ziehen.

Eine mögliche Alternative ist eine Gesellschaft mit immer weiter schwindenden sozialen Netzen. Eine solche Gesellschaft würde unproduktive Menschen dazu bringen, in Länder zu fliehen, die noch ein soziales Sicherungssystem bieten, wodurch die Staatsfinanzen dieser Länder zusammenbrechen würden. Damit blieben diesen Staaten nur zwei Möglichkeiten. Entweder, sie würden noch schneller produktive Arbeitskräfte anziehen als unproduktive. Oder unproduktive Einwanderer militärisch abwehren, was wiederum einen Überschuss an jungen, produktiven Bürgern erforderlich machen würde.

Eine andere Alternative ist eine Gesellschaft, die die demografische Bombe durch totalitäre Maßnahmen vermeidet, entweder durch Tötung oder Deportation alternder Bürger. Tötungen würden wahrscheinlich eine Entfremdung der Bürgerschaft auslösen, was junge Menschen dazu veranlassen würde, zu fliehen, solange sie noch können. Deportationen hingegen erfordern wiederum genug junge, produktive Bürger, um die Einwanderung abzuwehren.

Unabhängig davon, welchen der oben genannten Ansätze ein Staat wählt, wenn eine andere große Nation beschließt, digitale Staatsbürgerschaft und glaubwürdigen Schutz vor totalitären Regierungen zu bieten, ohne die Notwendigkeit, sich selbst zu entwurzeln, würde sie die Konkurrenz ausstechen.

Das einzige Szenario, das ich mir vorstellen kann, in dem Territorialstaaten bleiben, ohne zumindest begrenzte digitale Bürgerprogramme zu haben, ist eines, in dem Robotik und KI den Verlust an produktiven Arbeitskräfte ausgleichen, die durch die demografische Bombe verloren gehen.

Selbst in einem solchen Szenario wird eine Nation, die eine digitale Staatsbürgerschaft anbietet, einen Vorteil haben, da sie die erfolgreichsten KI- und Robotik-Talente anziehen kann, selbst wenn diese Menschen oder Unternehmen nicht bereit sind, physisch in das Land zu ziehen, aus dem die Nation stammt.

Lassen Sie uns zusammenfassen:

Es gibt einen starken Anreiz für Staaten, in den nächsten Jahrzehnten Modelle für digitale Bürgerschaft zu schaffen. Durch den Wettbewerb auf dem Markt werden die digitalen Bürger wahrscheinlich mehr und mehr Dienstleistungen erhalten. Letztlich werden die Anbieter digitaler staatlicher „Ferndienste" ein ähnliches Portfolio anbieten wie die heutigen Territorialstaaten.

Totalitarismus oder ein technologisches Wunder sind die einzigen Alternativen zum Konzept der digitalen Staatsbürgerschaft.

Bedeutet dies, dass das Ende der Staaten zugunsten dezentralisierter Nationen unvermeidlich ist? Nein. Während der Wettbewerb zwischen den Staaten letztlich zu einem kleinteiligen Flickenteppich führen kann, ist dies bei Weitem nicht sicher.

Obwohl ich die Möglichkeit sehe, dass alle staatlichen Dienstleistungen digitalisierbar sind, und eine Nation somit aus verschiedenen beliebig kleinen geografischen Einheiten bestehen kann, ist es unwahrscheinlich, dass in einer Stadt jeder einzelne Häuserblock mehrere Nationen beherbergt.

Nicht so sehr, weil es unpraktisch ist, sondern eher, weil Menschen sich gerne mit gleich gesinnten Individuen umgeben.

Daher halte ich eine Welt der Nationen, die aus winzigen dezentralen Ländern in der Größe von Städten oder Landkreisen besteht, für viel wahrscheinlicher als eine Welt, die nur aus Nationen besteht, in der sich jeder Haushalt seine Nationalität willkürlich wählt.

Das Schöne an dem wahrscheinlichen Entstehen der digitalen Bürgerschaft und dem Wettbewerb auf dem freien Markt zwischen den Nationen ist, dass dies im Laufe der Zeit zu im Trend immer besseren Ergebnissen führen muss.

Auch wenn diese Störung der traditionellen staatlichen Strukturen in den ersten Jahrzehnten viel Chaos und Verwirrung stiften mag, garantiert die Spieltheorie der freien Märkte auf lange Sicht, dass das Ergebnis mit der Zeit besser wird.

Das bedeutet nichts weniger, als dass wir nichts zu befürchten haben und lautstark für digitale Bürgerschaftsmodelle eintreten sollten, bevor der Totalitarismus noch mehr Staaten erobert.

Wenn die heutigen territorialen, repräsentativ-demokratischen Staaten wirklich die beste Regierungsform sind, die die Menschheit erschaffen kann, werden sie am Ende gewinnen.

Doch wenngleich wir am Ende wieder dort stehen, wo wir angefangen haben, wären wir besser dran, da die Staaten ihr Geschäftsmodell bewiesen hätten und ihre Vertreter hierdurch einen weitaus größeren Legitimitätsanspruch hätten.

DAS WIRD NIE KLAPPEN

Trotz des angeführten Arguments, dass es uns letztlich gar nicht schlechter gehen kann, als es heutzutage der Fall ist, weiß ich, dass einige die Vorstellung, einer vom Territorium losgelösten Nationalität aus verschiedenen Gründen ablehnen. Lassen Sie mich auf die beiden häufigsten Kritikpunkte eingehen, auf die ich bei der Darstellung des Konzepts bisher gestoßen bin:

Die Unternehmen werden das ausnutzen, um sich nicht an Gesetze halten zu müssen und um Steuern zu vermeiden.

Schon heute haben große Konzerne im Wesentlichen die Freiheit zu wählen, in welchem Land sie Steuern zahlen und können die Gesetze durch Lobbyismus nach ihren Vorstellungen beeinflussen, wodurch kleine Konkurrenten oft vom Markt ausgeschlossen werden. Bevor ich mit der Idee in Berührung kam, dass Territorialstaaten vielleicht nicht die einzige Option sind, habe ich mich daher für eine globale Regierung eingesetzt.

Unglücklicherweise hätte eine solche globale Regierung den enormen Nachteil, dass sie von großen Unternehmen leicht zu unterwandern wäre, und die Korruption oder gar die totalitäre Übernahme der globalen Regierung wäre, wenn überhaupt, nur durch einen globalen Bürgerkrieg zu beheben.

Die entscheidende Frage ist also nicht, ob Großkonzerne die Gesetzgebung beeinflussen können, sondern ob ihr Einfluss geringer wäre, als er es heute ist.

Ich sehe ausgesprochen gute Chancen dafür, dass dies der Fall wäre und der Einfluss der Großkonzerne in einer Welt von Bitcoin-Nationen mit der Zeit schwinden würde. Der Grund dafür ist einfach. Wenn eine Nation Bürger gewinnen will, muss sie herausragende, staatliche Leistungen anbieten. Diese staatlichen

Leistungen würden wahrscheinlich stark von der Größe der Nation abhängen und davon, wie stark sie mit anderen Nationen vertraglich verbunden ist. Das bedeutet, dass der Anreiz, Verträge zwischen Nationen zu schließen, die Unternehmen ausschließen oder bestrafen, wenn sie sich an Regulierungsarbitrage beteiligen, sehr stark ist. In der Tat ist er viel stärker als im derzeitigen System.

Kein Territorialmonopol bedeutet Anarchie.

Der häufigste Einwand gegen die Transformation von Staaten in Nationen ist der Einwand drohender Anarchie. Zunächst liegt hier ein Definitionsfehler vor, da Anarchie − die Organisation einer Gesellschaft beruhend auf freiwilliger Zusammenarbeit − nicht dasselbe ist wie Anomie − das Fehlen moralischer Standards in einer Gesellschaft. Ferner würde eine Welt von Bitcoin-Nationen ihren Ausgangspunkt vermutlich von ganz genau demselben Rechtsrahmen nehmen, wie er heute in unserer territorialen Staatengesellschaft besteht. Dafür gibt es zwei Hauptgründe:

Zuallererst werden Bitcoin-Nationen höchstwahrscheinlich aus Staaten hervorgehen, die die digitale Staatsbürgerschaft anbieten, und nicht aus der Asche einer zusammengebrochenen Gesellschaft. Zweitens wird in einer Gesellschaft, die es ihren Bürgern ermöglicht, jederzeit ihre Staatsangehörigkeit zu ändern, eine Nation nur dann Staatsangehörige haben, wenn sie die Rechte der Bürger effektiv garantiert, einschließlich des Schutzes vor unmoralischen Akteuren.

Dies wiederum erlaubt die Schlussfolgerung, dass eine dezentralisierte Gesellschaft von Nationen ihre moralischen Standards dank der dadurch geschaffenen Anreizstruktur mit der Zeit wahrscheinlich immer weiter anheben wird.

Nun mögen manche einwenden, dass es so etwas wie „verbesserte" moralische Standards überhaupt nicht gibt. Um dieses Gegenargument zu entkräften, müssen wir uns zunächst den Grundlagen der Ethik zuwenden.

DIE GRUNDLAGEN DER ETHIK

Eine gründliche Erörterung von Moral und Ethik würde ganze Bibliotheken füllen, sodass ich nicht hoffen kann, ihr hier gerecht zu werden. Vielmehr werden wir uns darauf konzentrieren, die grundlegendsten, populären Missverständnisse zu erläutern und einen Weg aufzeigen, wie man einen Rahmen für die kontinuierliche Verbesserung ethischer Standards schaffen kann.

Das erste Missverständnis über Moral ist, dass sie entweder als subjektiv oder als objektiv postuliert wird. Dies ist eine falsche Dichotomie. In Wirklichkeit ist die Moral in der objektiven Realität begründet, aber da die objektive Realität Individuen enthält, die zu subjektiven Werturteilen fähig sind, müssen diese in jedem objektiven ethischen Rahmen berücksichtigt werden. Das

Ergebnis ist notwendigerweise ein Rahmen objektiver Umrisse, mit subjektiven Nuancen.

Ein zweiter großer Irrtum ist die Vorstellung, dass ethische Rahmenwerke eine moralische Orientierung bieten, die Menschen in die Lage versetzt, zu entscheiden, ob sie „gut" oder „schlecht" sind.

In Wirklichkeit ist es theoretisch und praktisch unmöglich, 100 % gut oder 100 % böse zu sein. Daher ist jeder ethische Rahmen, der versucht, die Menschen zu überzeugen, indem er ihr Gewissen beruhigt und ihnen sagt „Braver Junge", in Wirklichkeit nur ein Marketing-Betrug und kein moralischer Standard.

Drittens und am wichtigsten ist, dass die meisten modernen ethischen Lehrbücher zwei verschiedene Konzepte durcheinander bringen. Sie versuchen gleichzeitig zu beschreiben, welches die „guten" Verhaltensweisen sind und welche Verhaltensweisen zum optimalen Ergebnis für die menschliche Gesellschaft führen. Obwohl diese oft übereinstimmen, könnten die beiden

Konzepte in zahlreichen Fällen nicht diametral gegensätzlicher sein.

Wenn Sie nichts anderes aus diesem Kapitel mitnehmen, versuchen Sie bitte, das Folgende zu verinnerlichen:

> *Ethisch korrektes, alias „gutes",*
> *Verhalten ist ein Luxus.*

Ihre Interessen stehen oft im Konflikt mit den Interessen anderer Personen. Nur diejenigen, die alle ihre Grundbedürfnisse befriedigt haben, sind frei, sich mit ethisch korrektem Verhalten zu befassen. Diejenigen, die das nicht sind, können nur „gut" sein, wenn sie sich selbst aufopfern. Und das ist auch schlecht.

An dieser Stelle fragen Sie sich wahrscheinlich, woher meine Urteile darüber kommen, was positiv und was negativ ist. Wie gesagt, ein vollständiger ethischer Rahmen kann hier nicht abgeleitet werden, und ich erhebe auch nicht den Anspruch, einen solchen zu haben. Es ist noch eine Menge ernsthafter, wissenschaftlich-philosophischer Arbeit zu leisten.

Was ich Ihnen geben kann, ist die Grundlage meiner Ethik, die objektiv ist und die Ihr Ausgangspunkt sein kann, wenn Sie das möchten.

Was ist objektiv wertvoll?

Österreichische Ökonomen würden wahrscheinlich bestreiten, dass es überhaupt etwas objektiv Wertvolles im Universum gibt, weil Wert subjektiv ist.

Diese Überlegung gilt zwar für Dinge, nicht aber für bewusste Wesen. Auch wenn wir nicht vollständig verstanden haben, was Bewusstsein ist, abgesehen von der Tatsache, dass es existiert, sind seine grundlegenden Eigenschaften nicht nur bekannt, sie sind das Einzige im gesamten Universum, dessen wir uns absolut sicher sein können.

Dies wurde von Descartes 1641 in seinem Buch „Meditationen über die erste Philosophie" logisch bewiesen. Genauer gesagt, in seiner berühmten Aussage „Cognito ergo sum." (lat.: Ich denke, also bin ich). Durch schiere Logik formulierte er den apodiktischen Beweis, dass, selbst wenn das ganze Universum eine dämonische Halluzination – oder in modernen Interpretationen eine Simulation – sei, man trotzdem sicher sein kann, dass das eigene Bewusstsein real ist und Sie als Individuum existieren.

Wenn also das Bewusstsein real ist, und eine der grundlegenden Eigenschaften des Bewusstseins (zumindest des Säugetier-Bewusstseins) die Fähigkeit und die obligatorische Gewohnheit, Werte subjektiv zu beurteilen ist, was können wir dann daraus ableiten?

Lassen Sie uns dies mit einem Gedankenexperiment untersuchen:
Aus einem unbekannten, unglücklichen Grund sind Sie das einzige Bewusstsein, das im Universum übrig ist.

Wie wertvoll ist das Universum? Nun, offensichtlich so wertvoll, wie Sie es und Ihr eigenes Leben subjektiv bewerten.

Wenn Sie sterben, wie viel Wert bleibt dann im Universum übrig? Null, denn es gibt niemanden, der Wert wahrnimmt. Im Rückschluss muss der

Wert Ihres Lebens so hoch gewesen sein, wie Sie sich selbst und das Universum schätzen.

Während wir Wert also weder quantifizieren noch objektiv messen können, können wir dennoch mit der gleichen Gewissheit sagen, wie wir behaupten können „Cognito ergo sum.", dass Ihr Leben objektiv einen Wert haben muss.

Ausgehend von dieser Grundlage wissen wir nun, dass jeder ethische Rahmen die Wünsche, Sorgen und Werturteile aller bewussten Wesen einbeziehen muss, während er alle unbewussten Dinge ausschließen kann.

Als Faustregel können wir dann auch ableiten, dass, wenn die eigenen Interessen nicht mit denen anderer bewusster Entitäten in Konflikt stehen, die Verfolgung dieser Interessen moralisch neutral ist. Wenn Ihre Handlungen einem anderen bewussten Wesen helfen, einen Nutzen aus Ihren Handlungen zu ziehen, sind sie moralisch gut.

Und wenn Ihre Handlungen mit den Interessen anderer Individuen kollidieren und als verletzend empfunden werden, sind sie schlecht.

Offensichtlich werden die meisten Ihrer Handlungen, die sich auf andere Personen auswirken, von einigen als vorteilhaft und von anderen als nachteilig empfunden werden. Daher ist die Moral Ihres Handelns also selten nur gut oder schlecht. Letztlich treffen Sie das Werturteil, welchen Anteil an guten und schlechten Handlungen Sie Ihrem Gewissen aufbürden wollen.

Eine absolute Hierarchie von objektiv eher guten und schlechteren Handlungen ist schwer zu konstruieren, obwohl es eine Möglichkeit gibt, zumindest eine Skizze zu erstellen, um die Aussagen über einige Aspekte der Moral objektiv zu machen. Zum Beispiel ist das Ermorden einer Person schlimmer als eine Ohrfeige, weil letztere nur eine kurze Unannehmlichkeit darstellt, während die andere den gesamten subjektiven Wert, den diese Person wahrnimmt, aus dem Universum tilgt und alle Individuen, die diese Person wertschätzen, um diesen Wert beraubt.

Ich werde nun weitere Diskussionen über objektive und subjektive Aspekte der Moral einem späteren Buch oder anderen Autoren überlassen und versuchen, Ihre Aufmerksamkeit auf die Umsetzung ethischer Grundprinzipien in gesellschaftlichen Rahmenwerken und Gesetzen zu lenken.

DIE ENTDECKUNG DES RECHTS

Spätestens seit der Zeit der alten Griechen und Römer waren Gesetzestexte öffentliche Dokumente, mit dem Zweck, den Menschen Richtlinien für ein Leben zu geben, das keine Konflikte hervorruft. Für den Fall, dass Konflikte trotzdem aus der Verletzung der gesetzlichen Bestimmungen entstanden, versuchten die Antiken, umfassende Verfahren zur Lösung der Konflikte zu erarbeiten.

In diesem Sinne war das römische Recht eine Weiterentwicklung von früheren, rein religiösen Gesetzen, indem es davon ausging, dass Gesetze nicht von einem Gott diktiert und von Propheten interpretiert werden. Stattdessen erkannten die Römer, dass es ein Naturrecht gibt, welches nur entdeckt werden kann und das in der Natur unseres

Universums verwurzelt ist und neben diesem wiederum das vom Menschen geschaffene Recht.

Das Naturrecht ist im Wesentlichen das, was ich im vorigen Kapitel als „Ethik" beschrieben habe. Jede Handlung, die im Widerspruch zur Ethik steht – die sich aus den Eigenschaften des Bewusstseins ableitet – widerspricht dem Naturrecht.

Ein ideales Gesetzbuch stünde in völliger Harmonie mit dem Naturrecht. Leider ist dies praktisch nicht zu erreichen. Um zu verstehen warum, müssen wir einen Blick auf den praxeologischen Aspekt des zwischenmenschlichen Konflikts werfen.

Nehmen wir an, Person A zerstört versehentlich oder absichtlich das Lieblingskunstwerk von Person B. Um die Verletzung der natürlichen Eigentumsrechte von B rückgängig zu machen, müsste A das Kunstwerk ersetzen und B für den Schaden entschädigen, der ihm entstanden ist, während er seines Eigentums beraubt war.

Nehmen wir weiter an, der Künstler, der das Werk geschaffen hat, ist längst tot. Daher kann A notwendigerweise B nur mit einer anderen Ware oder Dienstleistung entschädigen, nicht mit einer exakten Nachbildung des Kunstwerks.

Der Konflikt ist unlösbar, wenn A und B kein Gut und keine Dienstleistung finden, welche B genauso hoch oder höher bewertet wie das Kunstwerk, während A es niedriger oder gleich hoch bewertet wie das Kunstwerk. Wenn kein Gut gefunden werden kann, bei dem die Wertschätzungen sich treffen, wird sich immer einer der beiden betrogen fühlen. Während also in der Theorie jede Person ihre individuelle, ordinale Bewertung von Gütern hat, ist in diesem Konflikt ein von Menschen gemachtes Gesetz erforderlich, wie sich solche unlösbaren, subjektiven Wertungskonflikte auf eine möglichst befriedigende Weise lösen lassen.

Ein weiterer Aspekt ist die praktische Überlegung, Wiederholungstäter zu verhindern. Aus einer rein naturrechtlichen Perspektive würde es immer genügen, wenn der Täter den von ihm angerichteten Schaden wieder gutmacht. Da Verbrechen nicht immer entdeckt und in der Praxis nicht immer gerecht vergolten werden, ist es notwendig, die Entschädigung in Fällen, in denen Vorsatz vermutet wird, überproportional zu machen.

Hier ergeben sich nun wieder mehrere Probleme. Der Vorsatz ist nur dem Einzelnen bekannt und lässt sich nicht zweifelsfrei beweisen, oder widerlegen. Außerdem ist das genaue Verhältnis von Verbrechen und Strafe schwer zu bestimmen.

Nehmen wir an, ein Dieb wird beim Stehlen von einem Bitcoin erwischt. Sollte er eine Geldstrafe von einem Bitcoin, zwei Bitcoin oder zehn Bitcoin zahlen?

Nun, das hängt natürlich von mehreren Variablen ab. Eine davon ist, wie viele Bitcoin der Dieb bereits in seinem Besitz hat und wie oft er mit Straftaten davonkommt.

Ein Ersttäter, der aus Langeweile und Gelegenheit stiehlt, könnte daran gehindert werden, Wiederholungstäter zu werden, wenn er zur Zahlung eines Bruchteils seines Nettovermögens verurteilt wird.

Ein professioneller Dieb, der 100 Bitcoin gestohlen hat, bevor er beim Stehlen eines weiteren erwischt wurde, wird über jede Strafe, die weniger als das 100-fache seiner letzten Beute beträgt, herzlich lachen.

Die Mutter, die versucht, ihr hungerndes Kind zu ernähren, wird sich dagegen wahrscheinlich von keiner Geldstrafe aufhalten lassen.

Wie Sie sehen können, gibt es mehrere Hürden, die man überwinden muss, um ein „gerechtes", gesetzliches Regelwerk zu schaffen:

1. Die Entdeckung und Erforschung des Naturrechts durch die wissenschaftliche Philosophie ist unvollständig.
2. Wertungen sind subjektiv und einige Konflikte daher unlösbar.
3. Absicht und Aufklärungsrate von Verbrechen müssen berücksichtigt werden, um Wiederholungstäter zu verhindern.

Wenn Sie der Logik der vorangegangenen Kapitel zustimmen, dann haben Sie sicher eine Ahnung, was meine vorgeschlagene Lösung für diese Probleme ist?

Natürlich, der freie Markt.

In einer Gesellschaft, die aus Bitcoin-Nationen besteht, wird sich das Recht aus zwei Gründen mit der Zeit wahrscheinlich verbessern:

Erstens können die Menschen leicht das Rechtssystem wechseln, wenn sie mit ihren aktuellen, rechtlichen Rahmenbedingungen nicht zufrieden sind.

Und zweitens werden konkurrierende Rechtssysteme Schlichtungsmethoden finden, um Konflikte zu lösen, die aus Differenzen zwischen Menschen entstehen, die unvereinbare Rechtskodizes befolgen.

Dies zwingt zwangsläufig jedes Rechtssystem dazu, permanent mit anderen zu konkurrieren und erfordert, dass jede Nation, die ihre Mitgliederzahl erhöhen möchte, Verträge mit anderen Nationen aushandelt, in denen festgelegt wird, wie Konflikte zwischen ihren Mitgliedern gelöst werden sollen. Um zu sehen, wie all die in diesem Buch beschriebenen Marktprozesse im wirklichen Leben ablaufen könnten, lassen Sie uns ein wenig fantasieren.

ANBRUCH EINER NEUEN ÄRA

Im folgenden Kapitel werden wir eine gedankliche Reise durch die nächsten Jahrzehnte, vielleicht Jahrhunderte unternehmen, unter der Prämisse, dass Bitcoin-Nationen zur Realität werden. Diese Reise wird natürlich nicht so verlaufen wie vorausgesagt, sie ist als inspirierende Übung gedacht. Wenn ich meine Arbeit gut mache, werden Sie hoffentlich von dieser Reise mit lodernder Begeisterung für Bitcoin-Nationen zurückkehren und bereit sein, hart daran zu arbeiten, sie zur Realität zu machen.

Es ist das Jahr 2042. Die Vereinigten Staaten von Amerika haben soeben angekündigt, dass sie nun ihr digitales Staatsbürgerschaftsprogramm um eine Immobilienoption erweitern.

Bürger, die für die höchste Stufe der Mitgliedschaft bezahlen, haben nun die Möglichkeit, jeden Grundbesitz in US-Territorium umzuwandeln. Kurze Zeit später ratifiziert die UN eine Resolution, die klarstellt, dass der Schritt der USA durch das Recht auf Selbstbestimmung gedeckt ist.

Jeder Bürger, der Eigentum in Ländern besitzt, welche die UN-Resolution unterzeichnet haben, kann das Land in US-Staatsgebiet umwandeln. Nach Entrichtung einer geringen Gebühr wird der Titel innerhalb von 30 Tagen übertragen. Es wird garantiert, dass die Grundsteuer weniger oder gleich der aktuellen Grundsteuer für die ersten 20 Jahre sein wird.

Aus „Gründen der nationalen Sicherheit" wird vereinbart, dass Umwandlungen zwischen Nationalitäten nur für Gebiete außerhalb des US-Festlandes möglich sind.

Infolge dieses letzten Zusatzes weigern sich China, Russland und viele BRICS-Staaten, die UN-Resolution zu ratifizieren und schlagen stattdessen ihr eigenes, digitales Staatsbürgerschaftskonzept vor. Sie ermöglichen nicht, Territorium vollständig untereinander zu transferieren, sondern erlauben stattdessen die Anmietung von Territorium für max. 99 Jahre für private und 50 Jahre für gewerbliche Nutzung. Gemietetes Eigentum wird im Wesentlichen wie ein Konsulat der Nation der digitalen Staatsbürgerschaft behandelt.

Im Laufe des nächsten Jahrzehnts wird der Wettbewerb um qualifizierte Arbeitskräfte und Investitionen mehr und mehr Nationen dazu führen, territoriale Souveränität zuzulassen. Die großen Staaten, China und die USA, nehmen immer mehr digitale Bürger auf, bis sie über 60 % der Gesamtbevölkerung umfassen. Im Jahr 2069 führen die wachsenden Spannungen zwischen den beiden Riesen-Nationen zu einer Krise, da immer mehr digitale Bürger in das konkurrierende Kernland umziehen. Der Druck wächst, bis die Ausnahmeklauseln für das Kernland außer Kraft gesetzt werden.

Da die Gefahr eines Dritten Weltkriegs dennoch täglich ansteigt, suchen die Diplomaten verzweifelt nach einer Lösung. In einer unerwarteten Wendung der Ereignisse schickt eine Delegation der Bitcoin-Nation ein Angebot an die beiden territorialen Marktführer.

Der folgende Deal wird vorgeschlagen: Alle 2 Milliarden Mitglieder der Bitcoin-Nation, egal ob sie bereits eine andere digitale Staatsbürgerschaft haben oder nicht, bieten an, eine digitale Staatsbürgerschaft bei derjenigen großen Nation abzuschließen, die ihnen bestimmte Privilegien bietet.

Da die Bitcoin-Nation zwar nur 21 % der Weltbevölkerung ausmacht, aber 51 % des globalen BIP, ist dieser Deal unwiderstehlich und die Vereinigten Staaten machen ein Angebot. Auf dieses Angebot folgt schnell ein besseres, chinesisches Gegenangebot.

Nach mehrwöchigen Verhandlungen wird die UN-Resolution überarbeitet und erlaubt nun allen digitalen Bürgern, ihr Territorium zu einer Nation ihrer Wahl zu ändern. Um einen neuen Kolonialismus zu verhindern, bei dem Nationen ihre Bürger zwingen, der Regierung ihr

Eigentum zu überlassen, wird eine Marktlösung für Eigentum an Grund und Boden gefunden. Privates Wohneigentum kann nur an Erben vererbt werden, die es auch bewohnen. Ansonsten wird jede Immobilie regelmäßig versteigert, wobei Unternehmen, Bürger und Nationen auf ein Grundstück bieten können, begrenzt auf eine maximale Laufzeit von 99 Jahren.

Dieser Moment wird später in die Geschichte eingehen als der Moment, in dem Kriege im großen Stil endlich beendet wurden.

Dieses neue System begünstigt in hohem Maße die Bitcoin-Nation, die bis zum Jahr 2140 80 % der Bevölkerung aufgesaugt haben wird. Es handelt sich jedoch nicht um einen riesigen Superstaat.

Die Bitcoin Nation bietet nur einen sehr einfachen Menschenrechtsschutz und diplomatische Dienste für all die kleinen unabhängigen föderalen Sub-Nationen an.

Alle anderen Themen sind in standort- und präferenzspezifischen Clustern organisiert, die sonst nicht viel gemeinsam haben.

ZEIGE MIR DEN ANREIZ

Kehren wir in die Gegenwart zurück. Unabhängig davon, ob Sie meine Vision für utopisch oder dystopisch halten. Egal, ob Sie meiner Analyse zustimmen, dass totalitäre Regierungen die einzig mögliche Alternative sind. Wahrscheinlich brennt Ihnen eine Frage in Ihrem Kopf:

„Warum sollten Staaten dem zustimmen?"

Die Anreizstruktur für die größeren Staaten ist offensichtlich. Sie können nur gewinnen, indem sie erlauben, dass Bürger aus anderen Staaten ihnen beitreten. Vor allem, solange sie das Monopol auf ihr Kernland behalten können.

Warum in aller Welt sollte aber ein kleiner Staat seinen Bürgern erlauben, ihn zu verlassen?

Wie Charly Munger einmal sagte:

„Zeige mir den Anreiz, und ich zeige dir das Ergebnis."

Auch wenn es auf den ersten Blick nicht offensichtlich ist, gibt es doch einen Anreizdruck auf kleine Staaten, der zunehmenden Invasion der digitalen Bürgerschaft zuzustimmen. Der erste Aspekt ist einfach „Macht hat Recht".

Die sogenannte „regelbasierte Weltordnung" ist nur Propaganda. Wenn Sie unter vier Augen mit einem Politiker in den ärmeren Ländern sprechen, wissen sie alle, dass sie nur von der Gnade der Vereinigten Staaten und anderer großer Militärmächte abhängen. Wann immer ein Anführer versucht, sich gegen die USA zu erheben, wird er entweder mit einem Attentat, einer Invasion oder einem Staatsstreich rechnen müssen.

Die einzige Alternative für sie ist, sich mit einer anderen Atommacht zu verbünden, z. B. mit Russland oder China. Kleine und arme Länder haben keine andere Wahl, als ein Diktat der Großmächte zu akzeptieren.

Natürlich gibt es auch andere Anreize. Bereits heute bieten einige Länder Dienstleistungen für ausländische Bürger an. Wenn Sie einen US-Pass haben, dann sind Sie steuerpflichtig, auch wenn Sie im Ausland leben. Als eine Entschädigung erhalten Sie all die globale Bewegungsfreiheit, die Ihnen dieser Pass gewährt, und in der Regel wird die US-Regierung versuchen, Ihnen aus der Patsche zu helfen, wenn Sie im Ausland in Schwierigkeiten geraten.

Der US-Basketballstar Brittney Griner ist ein gutes Beispiel. Sie wurde im Jahr 2022 in Russland wegen Besitzes von Marihuana inhaftiert. Nach 10 Monaten im Gefängnis, handelten US-Diplomaten einen Gefangenenaustausch aus, bei dem sie freikam.

Außerdem haben die USA bereits Steuerabkommen mit mehreren Ländern, in denen geklärt wird, welcher Teil der Steuern, die ein US-Bürger zahlt, an die Staatskasse der Vereinigten Staaten und welcher an den Gaststaat geht.

Solche Steuerabkommen werden nicht einfach mit Gewalt Ländern der „Dritten Welt" aufgezwungen, sondern werden auch freiwillig von Top-5-Volkswirtschaften wie Deutschland akzeptiert. Die Vorteile solcher Steuerabkommen sind in der Regel gegenseitig. In Deutschland sind die Steuern höher als in den USA, sodass Unternehmen und vermögende Privatpersonen einen Grund haben, ihr Vermögen im Ausland zu halten. Dank des Abkommens werden die USA deutsche Bürger, welche versuchen, ihre Gewinne in den USA zu verstecken, an die deutschen Steuerbehörden melden.

Der Vertrag ist also für beide Regierungen von Vorteil, aber zum Nachteil der Bürgerinnen und Bürger.

Wie Sie sehen können, sind die ersten Meter auf dem Weg zur Bitcoin-Nation bereits zurückgelegt. Die nächsten Schritte werden wahrscheinlich aus reinem Eigeninteresse der Regierungen folgen.

Um es auf den Punkt zu bringen:

Die Regierungen der Staaten haben nicht vor, Bitcoin-Nationen zu gründen, oder ihr territoriales Monopol freiwillig aufzugeben. Sie werden jedoch allmählich in diese Richtung vordringen, weil sie den Reichtum und die Macht für ihre Eliten so lange wie möglich erhalten wollen. In einer Welt, in der die demografische Bombe dies in traditionellen staatlichen Strukturen exponentiell erschwert, sind Bitcoin-Nationen unausweichlich, es sei denn, die Staaten sind bereit, schreckliche Verbrechen zu begehen.